沖縄タイムス・ブックレット17

沖縄の「岐路」

歴史を掘る　未来を開く

まえがき

社会のこれまでの歩みをあらためて振り返ると、あの時が時代の転換点だったと感じられる事象がある。同時代にはその渦中にあり、うまく把握できなかった出来事でも、後にその意味が明確に意識できることがある。沖縄の歴史を考え直し、再認識することによって、果たしてどのような課題や展望が浮かび上がるのだろうか。

２０１４年7月から15年２月まで、沖縄タイムスの文化面、総合面で掲載した連載「岐路―歴史を掘る　未来を開く」では、琉球・沖縄の歴史的歩みを踏まえ、これまでの歴史の大きなターニングポイントになったと考えられるテーマを取り上げ、識者のコメントを交えながら記事化した。近世、近代、戦後、復帰後、現代の５つの時代区分で、各テーマをピックアップし、文化面の担当記者である城間有、与儀武秀の２人で計47回を執筆した。本書は、その連載と関連記事をまとめて、書籍化したものである。執筆時には、紙幅の許す限り各項目ごとに、歴史事象の内実や専門家の指摘、今日的な意味を盛り込むよう意図した。通読すると各項目が時系列で繋がり、これまでのさまざまな歴史の分岐点がつみ重なって、現在の沖縄社会にたどり着いた経緯が示される構成になっている。

琉球・沖縄の歩みを振り返るとき浮かび上がる大きな特徴は、世代わりの変化の激しさ、目まぐるしさである。ひとつの地域の帰属意識や社会の立ち位置、人々のアイデンティティーが、これほどダイナミックに変化し続けた経験は、他地域と比べても特異だ。その経験に裏打ちされながら、沖縄社会の現在は、これまでの厚い歴史的歩みの上に成り立っている。表面的には時事的事象のように見えても、その背後には「沖縄戦」や「講和条約発効」や「琉球処分」といった、数十年、数百年にわたる歴史的な重層性がある。その蓄積は、歴史教科書で戦争を美化しようとする政権の歴史認識や、主権回復の日をことほぐ政治姿勢や、普天間の県外移設方針を転換する県選出国会議員への批判などと相まって、強いあつれきを生みながら沖縄の現在に立ち現れる。

沖縄の将来を考える時、歴史を振り返り、見つめ直すことは重要な意味を持つ。今日の沖縄の状況を理解しようとする時、過去の事象が淵源となって現在を規定し、大きな岐路となったことが浮かび上がるからだ。本書が発刊される2015年の沖縄では、名護市辺野古への新基地建設をめぐり、政府と沖縄との対立がかつてないほど激しさを増している。本書が沖縄の現在と未来を考えるための、ささやかな一助となることを望んでいる。

沖縄タイムス学芸部・記者　与儀武秀

沖縄の「岐路」● もくじ

第３部　戦後編

第４部　復帰後編

第5部　現代編

本書は「沖縄タイムス」総合面・文化面で2014年7月1日～15年3月19日に連載された「岐路―歴史を掘る　未来を開く」をまとめたものである。インタビュー、対談は省略した。

年表・解説　琉球・沖縄 歴史の転換期

沖縄の将来を考える時、歴史を振り返り、見つめ直すことは重要な意味を持つ。今日の沖縄の状況を理解しようとする時、過去の事象が淵源となって現在を規定し、大きな岐路となってきたことが浮かび上がるからだ。

年表に記されるさまざまな出来事は、近世以降の琉球・沖縄の歴史事象の中でも、現在の沖縄のあり方に、大きな影響を与えたと考えられる。

東アジアの冊封体制という秩序によって独自の王権国家を築いていた琉球だが、欧米諸国のアジア進出のうねりの中で、日本という近代国家に包摂される。

沖縄戦の惨禍、戦後の苛烈な米軍統治。そして「基地の撤去」という県民の声に耳を傾けることなく迎えた復帰。

歴史を振り返ると、これだけ目まぐるしく、帰属や立ち位置が変化した場所は、日本の中でも他にない。

戦後70年近くがたち、今なお加重な基地負担に苦しむ沖縄。オスプレイの強行配備、辺野古への新基地建設の動きに、県内では「沖縄は本当に日本か」「差別だ」との不満が充満する。

沖縄の問題に無関心な本土側との間で、立て続けに生じるあつれきは、偶発的な事象が重なった結果なのか。それとも日本という国家と沖縄社会の間で、継続的に繰り返されてきた構造的問題の反復なのか。

琉球・沖縄の歴史を振り返り、その分岐点を再検討することが、沖縄の将来を展望する足がかりになる。「主権」「自立」「アイデンティティー」の変遷をたどる。

【近世琉球】

1609　❶薩摩、琉球に侵入　↓24頁

1668　羽地朝秀（向象賢）、摂政となり古琉球から近世琉球への政治改革を実施

1728　蔡温（具志頭親方）、三司官となり民衆支配の制度を確立

1816　バジル・ホール来航（友好的な交流）

1844　フランス船来琉し和好・貿易・布教を求める。帝国主義の拡大が琉球へも波及し、欧米船の来航増える

1853　ペリー、日本訪問前に琉球来航

1854　❷琉米条約結ぶ　↓16頁

【近代沖縄】

❶薩摩、琉球に侵入（1609年）

領土拡大をもくろんだ薩摩藩島津氏が兵3000人と軍船100隻で、奄美大島、徳之島、沖永良部島を次々と攻略。首里城を占拠し尚寧《しょうねい》王と従者100人を連行した。尚寧は2年間ヤマトに留め置かれた。島津氏に忠誠を誓う起請文への連判を拒否した三司官の一人謝名親方《じゃなうぇーかた》（鄭迥《ていどう》）は処刑された。以降、琉球は薩摩（日本）と明・清（中国）の「両属」状態となる。

❷琉米修好条約結ぶ（1854年）

米国の全権大使ペリーが琉球国と結んだ条約。訪琉米人の厚遇、必要物資や薪水《しんすい》の供給、難破船員の生命財産の保護、米人墓地の保

首里城を訪問するペリー提督一行（那覇市歴史博物館所蔵）

1871	（明治4）	台湾漂着琉球人殺害事件
1872	（明治5）	❸琉球藩設置
1874	（明治7）	台湾出兵。明治政府が漂着琉球人殺害事件の責任を問い出兵。琉球人を「日本国属民」と位置づける
1876	（明治9）	幸地朝常ら清国に救援を求める密書を携え渡航（琉球救国運動）↓49頁
1879	（明治12）	❹琉球国解体し「沖縄県」設置（「琉球処分」）↓42頁
1980	（明治13）	分島・増約案妥結（棚上げ）↓49頁
1895	（明治28）	日清戦争で日本が勝利し、日本への同化が進む ↓55頁

護、水先案内などを記した不平等条約。1855年にフランスと琉仏条約が、1859年にオランダと琉蘭条約が結ばれた。

❸琉球藩設置（1872年）

明治政府は、薩摩を通しての呼び出しに応じ上京した伊江王子朝直《ちょうちょく》に対し、「尚泰《しょうたい》を藩王に命じて華族にする」という詔勅を一方的に渡した。琉球を国家体制に組み込む第1段階となった。王国の支配者層の危機感は強く、幸地親方《うぇーかた》朝常《ちょうじょう》らが清国に救援を求める密書を携え渡航する琉球救国運動が起こった。

❹「琉球処分」（1879年）

1879年、明治政府の琉球処分官、松田道之《まつだみちゆき》が軍隊と警察を率いて来琉。琉球藩を廃止して沖縄県を設置することを通達した。琉球の土地、人民、およびそれに関する全ての書類が政府に引き渡された。首里城には熊本鎮台《ちんだい》分遣隊が駐屯した。琉球の帰属をめぐって、日清間で交渉が持たれ、宮古・八重山を中国領土とする「分島・増約案」が提案されたが棚上げとなった。

❺伊波普猷「古琉球」出版（1911年）

当時沖縄県立図書館長だった伊波普猷《いはふゆう》が、琉球諸島の歴史、文学、民俗を研究し「古琉球」を出版。体系的な沖縄研究「沖縄学」を確立した。真境名安興《まじきなあんこう》、東恩納寛惇《ひがしおんなかんじゅん》らによって研究が進む。日本民族と琉球民族は同根だとする「日琉同祖論」を根底にしながらも、沖縄の独自性を見いだしていった。柳田国男が1921年に来沖し、

1898（明治31） 徴兵制施行。兵役を負うことで「皇国臣民」になれると歓迎される一方、兵役忌避も ↓20頁

1911（明治44） ❺伊波普猷「古琉球」出版 ↓62頁

1937（昭和12） 日中戦争おこる

1939（昭和14） 第2次世界大戦おこる

1940（昭和15） ❻方言論争 ↓71頁

1941（昭和16） アジア太平洋戦争おこる

1945 ❼沖縄戦 ↓74頁

沖縄は日本民俗学においても重要な地域として位置づけられた。現在、沖縄に関する研究は各分野に及び「沖縄研究」の層は厚みを増している。

❻方言論争（1940年）

日本民芸協会の柳宗悦《むねよし》らが沖縄を訪れた際、日本の古語のなごりをとどめた「沖縄方言」の貴重さを説き、県が進める「標準語励行運動」が行き過ぎであることを批判。尊重することを主張した。しかし日本化への志向が高まっていた県内では柳の主張への賛同は広がらず、新聞・雑誌を中心に論争が展開された。柳が懸念したように、標準語習得が優先される一方「沖縄方言」は徐々に廃れ、現在は「沖縄アイデンティティーを表出する言葉」として取り戻そうという動きが強まっている。

❼沖縄戦（1945年）

日本で唯一、住民を総動員した地上戦。日本本土防衛のための時間稼ぎとして戦われ、激しい戦闘で20万人超が死亡した。軍隊よりも住民の犠牲者が多い。日本兵は住民を壕から追い出したり、食糧を奪ったり、スパイの疑いをかけて殺害したり「集団自決」に追いやったりした（強制集団死）。この沖縄戦を生き延びた人たちの子孫である、という考えは、戦後、沖縄人が自らの立場を考える基盤となっている。自治体が中心となった調査で多くの証言が蓄積され、体験者が少なくなった今、継承の方法が多様化している。

（昭和20）

【戦後沖縄・米軍支配期】

1952（昭和27） ❽サンフランシスコ講和条約発効 ↓78頁。琉球政府が発足

1953（昭和28） 米国民政府が土地収用令公布。奄美群島日本復帰

1956（昭和31） ❾島ぐるみ闘争おこる ↓85頁

1959（昭和34） 宮森小ジェット機墜落事故

1960（昭和35） ❿沖縄県祖国復帰協議会結成 ↓91頁

1965（昭和40） 佐藤栄作首相来沖。「沖縄の祖国復帰が実現しないかぎり、日本の戦後は終わらない」と声明

❽サンフランシスコ講和条約（1952年）

1952年4月28日、沖縄の施政権が日本から切り離され、米軍の施政権下に置かれた。同時に日米安全保障条約が締結され、米軍の日本駐留が可能になった。前年の51年に琉球日本復帰促進期成会が結成され日本復帰運動が盛り上がったが、日米両政府は相手にしなかった。日本政府は米軍の占領から独立した「主権回復」の日とし、2013年4月28日に祝賀式典を開いたが、この日が米国による支配の始まりとなった沖縄では大きな反発が起きた。

❾島ぐるみ闘争おこる（1956年）

1953年に土地収用令が公布され、米軍基地造成のために土地の強制収用が始まった。反対する住民の目の前で「銃剣とブルドーザー」によって家ごとつぶされるような強権的な収用が行われた。56年のプライス勧告で、長期の基地保有、新規土地接収の方針が明らかになると、組織を巻き込んだ米軍政全般に対する抵抗運動となり、日本内外に沖縄問題の存在を知らせた。58年に収束するが、これ以降、米軍は支配政策に柔軟性を持たせ、日本政府も米軍の政策に関与するようになった。

❿沖縄県祖国復帰協議会結成（1960年）

1951年に結成された日本復帰促進期成会は対日講和を受け解散。53年に沖縄諸島祖国復帰期成会が結成されたが、米国民政府の圧力により自然消滅していた。復帰運動の組織的再建を意図して結

1968（昭和43） 初の公選主席選挙で沖縄教職員会の屋良朝苗当選

1970（昭和45） ⑪「新沖縄文学」が反復帰論を特集 ↓98頁。コザ反米騒動

1972（昭和47） ⑫日本復帰 ↓105頁

【戦後沖縄・復帰後】

1975（昭和50） ⑬沖縄国際海洋博覧会 ↓117頁

1992（平成4） ⑭首里城復元 ↓125頁

1995（平成7） ⑮米兵暴行事件　日米地位協定の見直しと基地の整理・縮小を求める県民大会開催 ↓134頁。「平和の礎」除幕

成されたのが沖縄県祖国復帰協議会だった。「祖国に帰る」という心情的復帰論に加え、本土との格差是正を強調。ベトナム戦争の拡大と米軍基地利用の活発化にともない、反戦反基地闘争の傾向も加わった。沖縄教職員会、沖縄県青年団協議会、沖縄官公庁労働組合協議会が世話役となり、革新政党やＰＴＡ連合会、遺族連合会を含む幅広い組織で、日本復帰を求めて運動した。

⑪反復帰論（1970年）

1969年の佐藤・ニクソン会談で72年復帰が決まると、米軍基地の現状が変わらない返還に対し失望が広がり、復帰協でも「沖縄返還協定粉砕」のゼネストを実施するなど批判が上がった。その中で、国家としての日本に無条件に帰ることを志向した復帰運動を批判する「反復帰論」が展開された。新川明、川満信一、岡本恵徳が中心となった。日本国家による沖縄支配を支えてきた根底に日本への同化思想があり、それが復帰運動に引き継がれたために、沖縄の歴史的な主体性や独自性があいまいにされてきたとした。運動にまで発展することはなかったが、その思想は現在でも参照される。

⑫日本復帰（1972年）

5月15日、沖縄の施政権が米国から日本に返還された。しかし「基地付き」の復帰に「本土並み」を訴えた県民は失望。復帰と同時に県知事になった屋良朝苗は、復帰記念式典で「沖縄の復帰の日はうたがいもなくここにやってきたのであります。しかし米軍基地の問

1996（平成8）　**全国初の県民投票で「米軍基地の整理縮小と日米地位協定の見直しを求める」が有権者の過半数を占める** ↓139頁。**普天間飛行場全面返還日米合意** ↓137頁

2000（平成12）　**九州・沖縄サミット開催**

題をはじめ、いろいろな問題をもちこんで復帰したわけであります」と述べ、複雑な胸中をのぞかせた。

⑬沖縄国際海洋博覧会（1975年）

1972年の植樹祭、73年の国民体育大会とともに、復帰の3大事業として開かれた。膨大な公共事業費が投入され、インフラ整備が進んだが、本土資本による土地買い占めや自然破壊が問題に。入場者数も予測を下回り、地元企業の倒産、失業が相次いだ。その後の観光開発は本土の大手企業を中心に展開した。

⑭首里城復元（1992年）

復帰20年を記念し復元された。それまで蓄積された沖縄研究の成果を結集し、かつて繁栄した「琉球王国」の姿を目に見えるようにした。沖縄の独自性を内外にアピールすることになった。

⑮米兵暴行事件（1995年）

日米安保条約の再定義や米軍用地の強制使用手続きの更新期を迎える中、3人の米兵が少女を暴行する事件が起こった。基地の固定化・強化に対する危機感や米軍用地の強制使用に対する反発が県民の怒りを増幅させ、島ぐるみ的な民衆運動が高まった。大田昌秀知事が、軍用地の強制使用に関わる代理署名を拒否するという強い姿勢へとつながった。

⑯沖国大に米軍ヘリ墜落（2004年）

8月13日、米軍ヘリが普天間飛行場に隣接する沖縄国際大学に墜

２００４（平成16）　⑯沖縄国際大学に米軍ヘリ墜落 ↓１４３頁

２００７（平成19）　⑰教科書検定意見の撤回を求める県民大会 ↓１４７頁

２０１０（平成22）　米軍普天間飛行場の県外移設政策を掲げた民主党政権が辺野古移設に転換 ↓１５１頁

２０１２（平成24）　自民党に政権交代。⑱オスプレイ配備強行 ↓１５５頁

２０１３（平成25）　米軍普天間飛行場の県外移設とオスプレイ配備撤回を求め、全41市町村の首長らが「建白書」を携え東京行動 ↓１５９頁

落した。事故直後、基地外にも関わらず米軍が現場一帯を封鎖。大学関係者や消防、警察も入れない状態になった。普天間飛行場の危険性と、沖縄側の捜査が及ばない日米地位協定の不平等さをあらためて見せつけられた。普天間移設の動きが加速、２００６年、日米両政府は代替基地をキャンプ・シュワブ沿岸にＶ字滑走路を建設する案で合意した。

⑰教科書検定意見撤回を求める県民大会（２００７年）

文部科学省が、日本史教科書から、沖縄戦の「集団自決（強制集団死）」に対する日本軍強制の記述を削除する動きに、県民の反発が広がった。県議会と全41市町村が撤回を求める決議を採択。沖縄戦で起きた事実が権力の都合のよいようにゆがめられることへの危機感が高まった。

⑱オスプレイ配備強行（２０１２年）

国外で事故が相次ぎ、環境への影響もあるとして反対されていた米軍機オスプレイが普天間飛行場に配備された。反対意見に耳を貸さない政府の沖縄無視の姿勢に反発が強まり、激しい抵抗運動が起きた。県民の中に差別的な基地政策への怒りが高まった。若手研究者が中心となって「琉球民族独立総合研究学会」を結成。沖縄の自己決定権の模索が続いている。

監修・新城俊昭氏

第1部　近世編

特異な条約／小国寡民の戦略／「琉球』を学ぶ

1854年　琉米修好条約むすぶ

特異な条約

琉球主体　欧米と外交

日本の外交記録史料を収集する東京都港区の外務省外交史料館。地下1階の書庫に、日米修好通商条約やベルサイユ講和条約など、幕末から昭和にかけての条約文書が約600保管されている。その中にたった三つ、日本の国務大臣が署名していない条約原本がある。

1854年、当時の琉球王国がアメリカと締結した琉米修好条約、フランスと結んだ琉仏修好条約（55年）、オランダとの琉蘭修好条約（59年）だ。中でも琉米条約は、その約3カ月前に、日米間で結ばれた日米和親条約の調印書が、江戸城の火災によって焼失したため、今日では日本に現存する最も古い外交文書の条約原本といわれる。

3修好条約は、琉球が欧米3国の船舶に対し、薪《まき》や水の提供、漂流民の救助、領事裁判権などを認める内容である。19世紀は、欧米列強が植民地や拠点を求めて海外進出した帝国主義の時代で、3修好条約も日米和親条約と同様、不平等条約として結ばれた。

ここで注目したいのは、同じ趣旨の琉米修好条約、日米和親条約が、当時の琉球と日本という別々の主体として、米国との間で結ばれた事実である。

琉球史が専門の真栄平房昭琉球大教授は「日米和親条約の締結前、江戸幕府は米国との想定問答で『琉球は幕府の属国』との答えを用意していた。だが米国は琉球と幕府を別の国として、日米条約を結んだ後、琉球に来て琉米条約が結ばれた」と語る。

日本が締結したものではない他国間の外交文書がなぜ、外務省で保管されているのだろうか。外交史料館の担当者に聞いても所蔵の経緯ははっきりしない。ただ、保管する約600の文書のうち「日本国が主体となり締結した条約文書でないのは、琉球関係の3件のみ」と説明する。日本と他国、日本と多国間で結ばれた条約の中にあって、「日本の大臣が著名していない条約原本は、特異だといえる」。

3 文書　国答弁に矛盾

「琉米修好条約」（1854年）、「琉仏修好条約」（55年）、「琉蘭修好条約」（59年）が、なぜ外務省に保管され、法的にどのような性質を持つのか、国会で質疑の対象となったことがある。

2006年10月、鈴木宗男衆院議員（当時）は、琉球王国の地位について政府見解をただした。質問主意書で、3修好条約について「法的拘束力を持つ国際条約か」を尋ねたのだ。

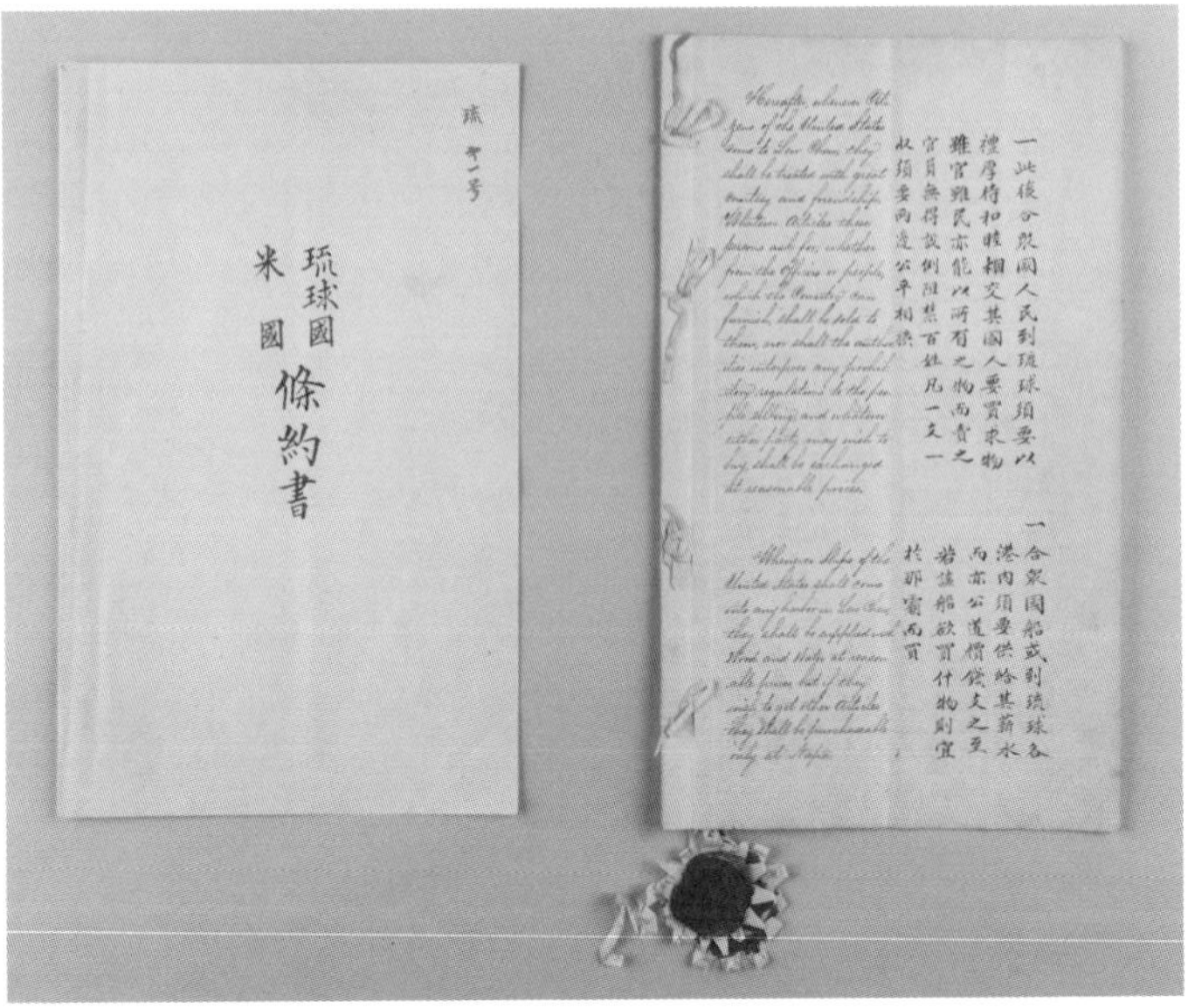

外務省外交史料館が所蔵する「琉米修好条約」の原本

これに対し、政府の返答は「ご指摘の各『条約』と称するものについては、いずれも日本国として各国との間で締結した国際条約ではなく、法的性格につき政府として確定的なことを述べることは困難である」。

その後も鈴木氏は「締結時点で政府はどのような関与をしていたか」「国際法的にいかなる性質を持つか」「条約の原文が外務省に保管されるようになった経緯について明らかにされたい」と質問をぶつけている。

だがいずれの回答も「日本国として締結した国際約束ではない」というもの。「経緯や法的性格について、確定的なことを述べることは困難」とし、確かなことは示されなかった。

政府の見解通りだとすると、日本が自ら主体として締結していない、かつ締結の流れや法的性格、収蔵の経緯がことごとく不明な奇妙な外交文書を現在まで大切に保管していることになる。

当時、このやりとりに関心を寄せる人は少なかった。が、今ならどうか。沖縄がかつて独立国だったことの象徴的な意味を持つ文書に対するまなざしは変化している。

鈴木氏は質問時を「日本の条約でないものを保管している矛盾を明らかにできた」と回顧。一方で、

「琉球王国の地位について計11本の質問主意書を出したが、答弁はどこか沖縄を差別偏見の目で見ているると感じた」。その違和感は沖縄の歴史への無理解につながる。

琉球史が専門の真栄平房昭琉球大教授は「質問の『条約』との言葉に対し、答弁では『国際約束』と返し、『条約』をあえて避けているようだ」という点に注意を向ける。

「『条約』と認めて前提にした場合、締結の当事者でない国が原本を持つことが国際法上、問題を生じさせるかもしれないとの後ろめたさがあるのではないか。この点を考えると、琉球処分の経緯に踏み込まざるを得ない」

いつから「日本人」か

「ウチナーンチュ（沖縄人）はいつから日本人か」

照屋寛徳衆院議員は、2007年3月、沖縄の歴史的な帰属問題に関連し、「ウチナーンチュの法的地位などに関する質問主意書」を提出。「ウチナーンチュは、いつから法的に日本国民になったと考えているのか。その法的根拠、始期を示した上で政府の見解を明らかにされたい」とただした。

政府は「一般に沖縄の方々については、遅くとも明治32（1899）年に制定された旧国籍法施行の時から日本国籍を有していたものと承知している」と回答した。

旧国籍法とは、明治憲法下で日本人の国籍要件を定めた法律である。

琉球処分直後に明け渡され、日本兵（分遣隊歩哨）が駐屯することになった首里城（那覇市歴史博物館所蔵）

照屋氏は委員会での再質問で「その国籍法施行前の明治31（1898）年に徴兵制が施行され、沖縄からも徴兵がされている」と突っ込んだ。日本人として法的根拠が無いウチナーンチュが、軍人として徴用されている矛盾を指摘したのだ。

答弁に立った法務省の担当者は沈黙し、答えが出なかった。

徴兵制で兵役義務が課された沖縄の人たちは、標準語が話せないことで「未開人」とさげすまれ、偏見にさらされたという。故意に体を傷つけたり、移民に出るなど、兵役を拒否する者も多かったとされる。

「日本人」としての法的根拠があいまいなまま、混乱の中、国民としての義務が負わされていった。

照屋氏が法的地位の説明を求めた背景には「政府はウチナーンチュを、都合のいいときは日本人、悪いときは日本人ではないとして扱っているのではないか」との思いがある。その地位の違いは、現在も大きな溝として意識されている。

重なるのは、昨年1月に県議会代表や全41市町村長・議長らが署名し、米軍普天間飛行場の閉鎖・撤去などを求めて、安倍晋三首相に手渡した「建白書」の扱いだ。

県民が強い思いを込めた建白書の提出前、照屋氏は県内首長らと都内をデモ行進した。沖縄の基地負担の軽減を訴えたが、沿道からは「売国奴」「琉球人は日本から出て行け」と罵声が飛んだ。「今年2月に出した質問主意書の政府答弁では、建白書が来春には破棄される見通しとされた」

歴史の中で、沖縄は国策に翻弄《ほんろう》され犠牲になってきた。「ウチナーンチュはいつから日本人か。矛盾は依然として解消されていない」

（この項ここまで、与儀武秀）

条約を突破口に「権利回復を」

2013年6月12日、那覇市議会定例会。平良識子《さとこ》議員は「沖縄県は、かつて琉球王国として、国際法上の主体でありました」と質問を始めた。「証明する根拠の外交史料として、1854年7月11日に、琉球王国とアメリカ合衆国が締結した国際条約、『亜米利加合衆国琉球王国政府トノ定約』（琉米修好条約）があります（中略）現在この原本は外務省が所持しております。本来ならば沖縄が所有するべきであるものと考えております。首里城のある那覇市が返還を求め、那覇市歴史博物館に展示することを提案するものです」――。

平良議員は大学生だった2001年、スイス・ジュネーブで開かれた国連の「先住民族作業部会」などに出席し、沖縄の基地問題に代表される人権問題を訴えた。主張の軸となるのは「沖縄問題が国際的に知られることで、人権が守られる」という信念。条約の存在を知ったのは、その学びの過程だった。

「琉米修好条約は琉球・沖縄の集団が国際法的にどのような権利を持った集団なのかを客観的に検証する重要な史料。国際社会の中の主体としての証拠の文書になる」と思いを語る。

日本の外務省が保管し、締結の流れや法的性格、収蔵保管の経緯が不明、との政府見解が示されている「琉米条約」「琉仏修好条約」（1855年）「琉蘭修好条約」（59年）。

琉球史が専門の豊見山和行琉球大学教授は「琉球はもともとひとつの国として他国と修好条約を交わした。だが近代に入り、もともと持っていた琉球の外交権を日本が摂取した」と端的に指摘する。

帝国主義の時代。欧米各国は海外での活動拠点を求めて諸外国に赴き、琉球や日本と結んだ修好条約を対外拡張の足掛かりにした。

欧米各国からの開国の要求を受け、日本も近代国家への道を歩み始める。その過程で、明清（中国）や薩摩（日本）と両属関係にありながら、独自の王権国家としても存在した、あいまいな琉球の立場を自国の一部に編入した。

琉球大の真栄平房昭教授（琉球史）は、1879年に明治政府が琉球藩を廃止し沖縄県を設置した、琉球処分の際、松田道之処分官が首里城を封鎖後、どのような文書が、どのように取り上げられたのか明確でないと指摘。

その上で、江戸在住の琉球の高官が、外務省から盛んに呼び出されて琉球の外交文書の原本を引き渡すよう求められていたとして「主体性は意識だけではなく、モノによっても正当性を裏付けられる。かつて琉球が持っていた外交の主体性をいかに消すかが意図されていたのではないか」と話す。

過重な基地負担の軽減を求める多くの県民の声は無視されたまま、オスプレイの強行配備、辺野古への新基地建設が進められる現在の沖縄。締結160年の節目を迎えた「琉米条約」が持っていた意味が再認識されている。

市議会で、同条約原本の沖縄への返還に一石を投じた平良議員。島田聡子市民文化部長は、外務省への返還要求には触れなかったものの「鎖国の江戸幕府下の薩摩に実質的な支配を受けていた琉球という複雑な関係の状況で、欧米諸国との外交を知る上で、大変貴重な史料」とし、県立公文書館と県立博物館が複製を保管していると答弁した。

平良議員は「沖縄は自分たちで決めるという権利を、琉球併合の時に一方的に剥奪された。その権利は回復されるべきだ」と訴える。

「沖縄の人権問題は国内のロジックでは変わらない。国際法上のツールがあるべきで、その入り口が琉米修好条約にあると考える」。今後も返還を主張していく考えだ。

（城間有・与儀武秀）

小国寡民の戦略

1609年　薩摩、琉球に侵入

「江戸立」に見る自負心

２０１１年２月、東京の日本橋三越。近世に琉球王国から幕府へ送られた使者が江戸城で演奏した「御座楽《うざがく》」などの芸能が再現され、約１６０年ぶりに披露された。芸能関係者らが中心となり、現存する絵巻物などの資料を手掛かりに、色鮮やかな衣装の色柄や小道具の特徴を忠実に再現。琉球舞踊の前身といわれる「琉躍《りゅうおどり》」、中国語で演じられた「唐躍《とうおどり》」など、異国情緒あふれる華やかな舞台に、詰めかけた来場者が息をのんだ。

日本という近代国家の内部に編入される過程で、外交権を摂取された琉球。だが近年の琉球歴史研究では、小国でありながら大国のはざまで埋没せず、したたかに外交交渉を行い、一定の存在感を持っていた戦略的位置が見直されている。

その象徴的な例が、従来は「江戸上り」と呼ばれた琉球から江戸への使節派遣を、新たに「江戸立《だち》」として解釈し直す見解だ。

月琴、笛など大陸風の楽器も用いて再現演奏された「御座楽」＝2011年2月26日、東京・日本橋の三越劇場

1609年、薩摩の琉球への侵攻を受けて、徳川幕府は琉球に、幕府の新将軍の襲位を祝う使節「慶賀使」と、琉球国王の新即位を幕府に感謝する使節「謝恩使」を、江戸に送るよう義務を課した。

琉球から江戸までは約2千キロの道のり。出発から帰国までは平均約300日、長いときは500日以上を要したとされる。

年度により規模は違うが、使節団は正使（王子）、副使（親方）を筆頭に、約100人前後、薩摩役人も含めるとさらに大人数になった。江戸城での公式行事では、芸能演奏「御座楽」が披露された。

江戸使節の目的は、これまで「薩摩や幕府は異国支配の事実を天下に示して権威を誇り、あわせて琉球の対中国貿易を継続させる点にあった」（沖縄大百科事典「江戸上り」の項目）など、主に薩摩の琉球への支配力を強調する理解がなされていた。

だが、琉球大学の真栄平房昭教授（琉球史）は、歴史用語としての「江戸上り」という語句の使われ方の経緯を検討しながら、江戸への使節派遣が「上下」関係を含意した「江戸上り」でなく、むしろ対等に近い「江戸立」と表記されていた事実を指摘する。

真栄平教授によると、伊波普猷ら先学の著作でも琉球使節の江戸往還を「江戸上り」と表記する例は少なく、古文書・古記録では「江戸立」の表

１７１０年の琉球王尚益の使節の江戸城登城の行列（国立公文書館所蔵）

記が圧倒的に多い。その上で、同用語の普及は、復帰後に出版された宮城栄昌著『琉球使者の江戸上り』（第一書房、１９８２年）の影響が大きいのではと説明する。

行列は中国風の服装（唐装束、琉装）に、道中では時折、路次楽《ろじがく》という音楽が吹奏され、沿道の人気を集めた。使節の中には学問芸能のたしなみがある人物も多く、諸藩の学者と儒学や詩歌などについて論じ合うこともあったという。

真栄平教授は「江戸上りという言葉を再確認することが、中央集権的、従属的な意味合いを問い直すことにつながる。18世紀に琉球支配が強まる中、琉球はむしろ幕藩体制下で自らの独自性を位置づけ、模索した」と強調。薩摩の琉球侵攻以降、義務付けられた江戸への使節派遣だが、幕府という巨大な権力に対し、外交戦略として自らの異文化性を強調し、体制内に完全に包摂されない独自性を示した側面に注意を向ける。

「江戸立」の理解からは、琉球が小国でありながらも、大国との主従関係に埋没せず、強い自己意識を持ちながら対外交渉を展開していたことが垣間見える。そして、このような自文化に対する自負は、現在の沖縄にも受け継がれている。

２０１１年2月に１６０年ぶりに再現され日本橋三越で開かれた芸能公演。来場者からは、琉球の芸能文化の質の高さ、先人の文化に対する誇りを感じたとの感想が多く寄せられた。

舞台を監修した県立芸術大学の又吉静枝名誉教授（重要無形文化財保持者）は「芸能を再現して感じたのは先人の美意識の高さ。衣装の着け方や色柄、髪の飾り方まで、ひとつひとつに自分たちのプライドが込められていると実感した」と指摘。「政治経済が厳しい状態でも、自分たちの文化への誇りが強い精神力や心の豊かさを支えていたのではないか」と話している。

冊封維持し独立守る

２０１３年10月、那覇市の国際通り。琉球王国の高官が中国皇帝の使者・冊封使を先導する様子を現代版に再現した首里城祭（主催・同実行委員会）の「琉球王朝絵巻行列」が華やかに催された。路次楽の笛や太鼓がにぎやかに鳴り響く中、ウチュー（みこし状の乗り物）に乗った国王や王妃ら約７００人が街中を練り歩く恒例のイベント。

多くの来場者が見物する人気行事は、首里城で冊封の儀式が再現されるなど、東アジアで琉球が中国と朝貢関係を築き、友好関係を維持していた史実を現在に伝える。

１６０９年、薩摩藩の軍勢に侵攻された琉球。形式的には独立国として存続を認められる一方、実質的には薩摩や江戸幕府の支配を受け入れた。だが、琉球は支配力を強める大和に対して、完全に従

首里城祭で再現された冊封儀式。中国皇帝からの詔書・勅書を受け取った後、御庭の自席へ戻る琉球国王（中央）＝2013年10月26日、那覇市の首里城公園

属的な立場に置かれていたのではなく、侵攻後も東アジアの中の一独立王国として存続し続けた。その背景には、中国との冊封関係を維持した粘り強い働き掛けがあった。

　薩摩による琉球への侵攻（倭乱《わらん》）は、東アジアの周辺諸国にも驚きをもって受け止められた。琉球国王の尚寧は、薩摩に捕虜として連行され、徳川家康と謁見《えっけん》した後、琉球に帰国。「倭乱のため琉球国民は困窮し、進貢品も十分調えられないことをご憐察《れんさつ》願いたい」と報告、弁解し、明（中国）に進貢使を派遣した。

　当時の東アジアでは、宗主国である明国の皇帝に周辺諸国が臣下の礼をとり、その地域秩序を基盤に朝貢貿易などを行う「冊封」と呼ばれる国際体制が基盤だった。

　琉球大学の豊見山和行教授は「中国との朝貢貿易や冊封が、国家としての琉球にとって大きな柱だった。琉球は小さいが君主権を持ち、その中には中国との外交も含まれていた。中国との朝貢を断絶させられると、琉球の国家の廃滅につながるという認識があった」と話す。

　だが、琉球の進貢の申し出に対し、明国側は倭乱で琉球の国力が衰えていることなどを理由に、従来の2年に1度の進貢ではなく、10年後の進貢を勧めた。明の本音は、琉球に続いて自国も徳川幕府の侵攻

琉球の高官が中国皇帝の使者・冊封使を先導し練り歩く様子を現代版にアレンジし、再現した琉球王朝絵巻行列＝2013年10月27日、那覇市松尾

の対象になることを警戒し、冊封の体裁を守りながらも、琉球と距離を置くため、10年後に進貢を先延ばしする意図を持ったものだった。

しかし、尚寧は1614年9月、従来の貢期（2年1貢）に戻してほしいとの書簡を明側に出し、「もし狡猾《こうかつ》な倭を拒絶するために、忠順な琉球までも拒絶するのであれば、属国の心を天朝へつなぎ留めることはできません。どうか、琉球の立場を配慮されて貢期を回復して頂きたい」と要請した。

琉球大の西里喜行名誉教授は「明国の一部には薩摩侵攻後、琉球が日本に併合されて王国が無くなったとの認識すらあった。琉球側には、明に援軍派遣を要請し、薩摩と徹底抗戦するという選択肢もあり、実際に琉球の高官だった謝名親方鄭迵《ていどう》は、薩摩へ連行後も明へ援軍要請の密書を出している」と説明。

しかし、謝名親方の援軍要請は、情報を察知した琉球国王の尚寧周辺でその対応が検討された。結局、琉球側が福建人に金を出し、北京の明に渡る前に謝名親方の密書を回収したとされる。

西里名誉教授は「琉球側は軍事的な徹底抗戦という政策を取らず、最終的にはむしろそれを避けた。小国である琉球には、軍事的対立の末に占領されたら、どちらにしろ国の体裁を維持できないとの思いがあった」と話す。

薩摩侵攻後、距離を置こうとする明に対し、琉球は「請願」と称して、使節派遣を従来通り継続した。こうして窮地にありながらも粘り強い働きかけによって結局、明が意図した10年1貢を回避。軍事的対立を退けながら、その後も継続的に明との朝貢関係を維持し、薩摩侵攻後も中国と徳川幕府にそれぞれ「臣服」「朝貢」しながら、東アジアの一独立王国として存続し続けた。

主体的に知恵の外交

尖閣諸島の領有権や歴史認識の問題など、全国メディアで連日報じられる日本と中国との関係悪化。中国の大国化に対抗するように、安倍政権は集団的自衛権の行使容認を閣議決定し、南西諸島への自衛隊配備強化を進める。東アジアの国際環境は、国家間の対立を前提にした緊張関係があおられている。

このような中、県地域安全政策課が今年（2014年）4月に公表した中国に対する県民の意識調査結果では、中国の印象を「良くない」「どちらかといえば良くない」としたのは計89・4％で、昨年度調査より0・4ポイント悪化した。「良い」「どちらかといえば良い」は計8・3％で、昨年度より0・8ポイント落ちた。

一方で、日中の友好関係に沖縄が果たす役割では「積極的に友好を図る」「友好を図る」が計67％、「役割はない」「あまりない」が計20％だった。

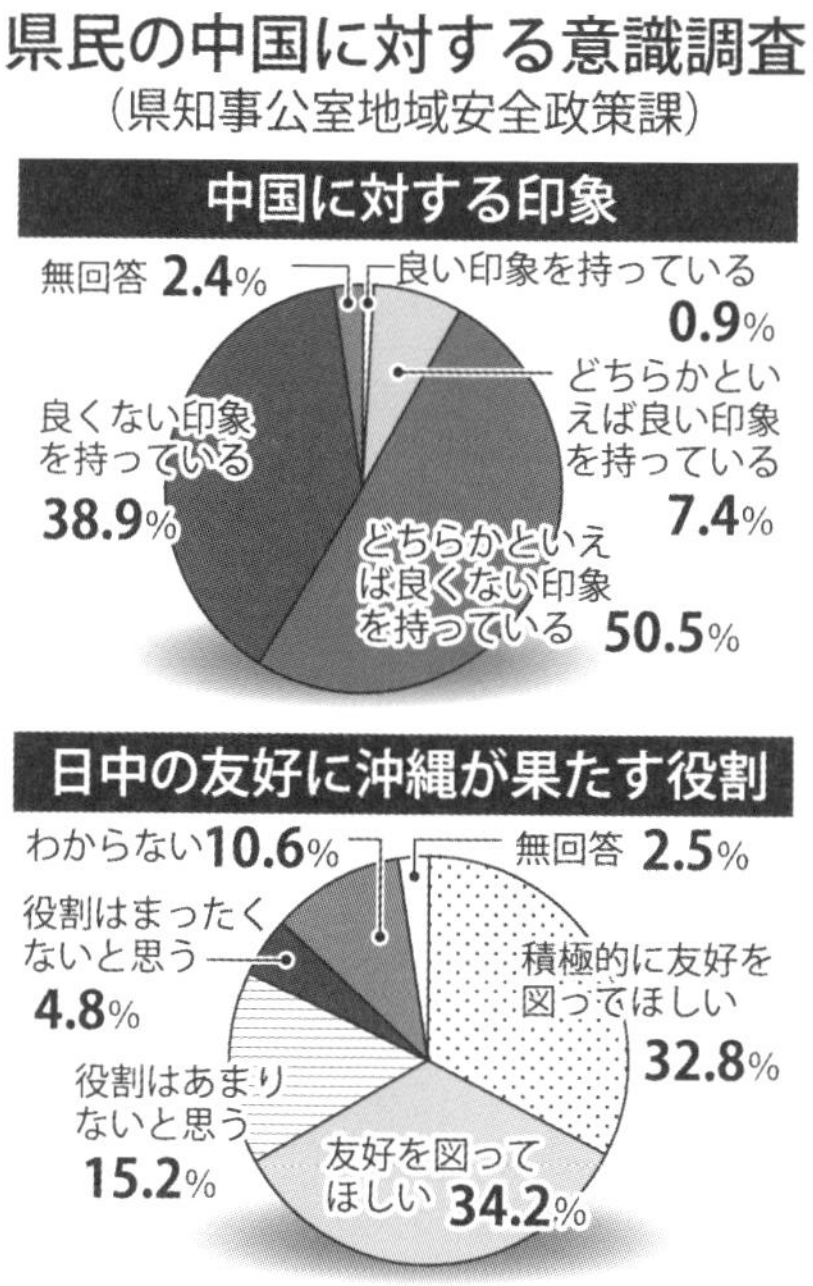

近年の琉球史研究では、大国間にありながら、一定の存在感を持ち続けた琉球の戦略的位置が見直され、新たな知見が示されている。従属的な立場だったことを強調する従来の見解とは異なり、琉球が独自の主体性を発揮していたとの理解は、どのような背景で可能になったのか。そして現在の私たちは、そのあり方から何を学ぶべきなのか。

「復帰運動の中にあって、研究者が日本との絆を想起する中で『江戸上り』という見方が生まれたのではないか」

琉球から江戸への使節派遣を単に従属的なものではなく、対等に近い関係の「江戸立《だち》」として新たに解釈している琉球大学の真栄平房昭教授（琉球史）は、従来の琉球史研究が置かれた社会的背景に「復帰運動」の影響があったと指摘する。

「復帰は米国による統治から脱し、日本の統治を受け入れることが前提。そのような状況では、江戸への使節派遣が日本との絆を想起させるものと考えられ、後に相対化されるようになる」

真栄平教授は、１９９０年代に中国国内の開放政策に伴い、福建などへの調査が可能になったことで、琉球と中国との従属的な朝貢関係という見方も捉え返されるようになったと指摘。東アジアでの琉球の主体性が同時期から見直されるようになったという。

琉球王朝の王城だった首里城。大国間に埋没しない存在感を持ち続けたことが見直されている＝那覇市首里

琉球大学の豊見山和行教授（琉球史）は、近世琉球が、日本と中国の間でバランスを取りながら「小国だが唐・大和と『御取合《ウトゥイエー》（外交交渉）』をしているとの意識があった」と強調。「従来は薩摩侵攻以降、薩摩に支配された琉球は『疑似国家』などと理解されていた。だが琉球が、薩摩侵攻から琉球処分までの約２７０年も国家として独自に存続していたことを考えると、単純に『疑似国家』として理解することはできない」と説明。琉球の主体性を積極的に理解する必要を強調する。

小国だった琉球は、周囲の大国とまともに対立すると存続が危ぶまれる事態に直面する。その中で自国を維持する有効な方法は、国力の誇示ではなく、知恵を生かした戦略的な交渉術だった。

豊見山教授は「琉球は属国ではあるが、外部からの強圧的な要求にも、問題をこじらせず穏便に処理する外交術にたけ、それを磨いてきた。最後に王国は滅ぼされたが、そのような外交術無しに、大国間で２７０年も存続することはできない」と説明。

現在の沖縄が置かれた状況について「単純に日本という国家の枠の中でしかものを考えないようになると、沖縄の未来を閉ざしてしまうことにならないか。歴史を振り返れば、もっとしたたかに主体的な対外交渉をしていた時代が実際にある。今の沖縄でも見直す必要がある」と強調する。

また西里喜行琉球大学名誉教授は「進貢冊封体制や大和との関係が不変だと考え、琉球が自らの選択肢を提起できなかったことには、歴史的制約があった。伝統的秩序の堅持を前提にすると身動きが取れない」と問題点を指摘。

「本当の課題は、どちらの国に属するのかという刷り込みを突破することだった。所属問題ではなく、琉球の立場を国際的に訴え、自らの自己決定権をどのように模索するべきだったのかが最も重要な点だ」と強調している。

（この項、与儀武秀）

「琉球」を学ぶ

厚み増す　近世史研究

薩摩が侵入した1609年から沖縄県が設置された1879年までは、近世と時代区分されている。この時期、琉球では文化が隆盛し、組踊、琉歌、音楽、工芸が発展。琉球の名画、名筆と称される作品もこの時代に現れた。

沖縄国際大学の田名真之教授は「中国も日本も、琉球を組み込むことは可能だったが実行せず、琉球を利用し、琉球は逆にそれを存在意義にして、自分たちを磨き上げた。大国の一部であったなら磨く必要はなかっただろう」と話す。

画家の喜屋武千恵さんは、自了《じりょう》（城間清豊、1614〜1644年）の「白澤之図《はくたくのず》」を見て衝撃を受けたという。「琉球にこれだけすごい絵師がいたんだ」。それまでは工芸や芸能に比べ、琉球の絵には見るものがないというのが一般の評価だった。「線の美しさに加え、絵に強さを感じた。見る側が凜《りん》とするような力があった」

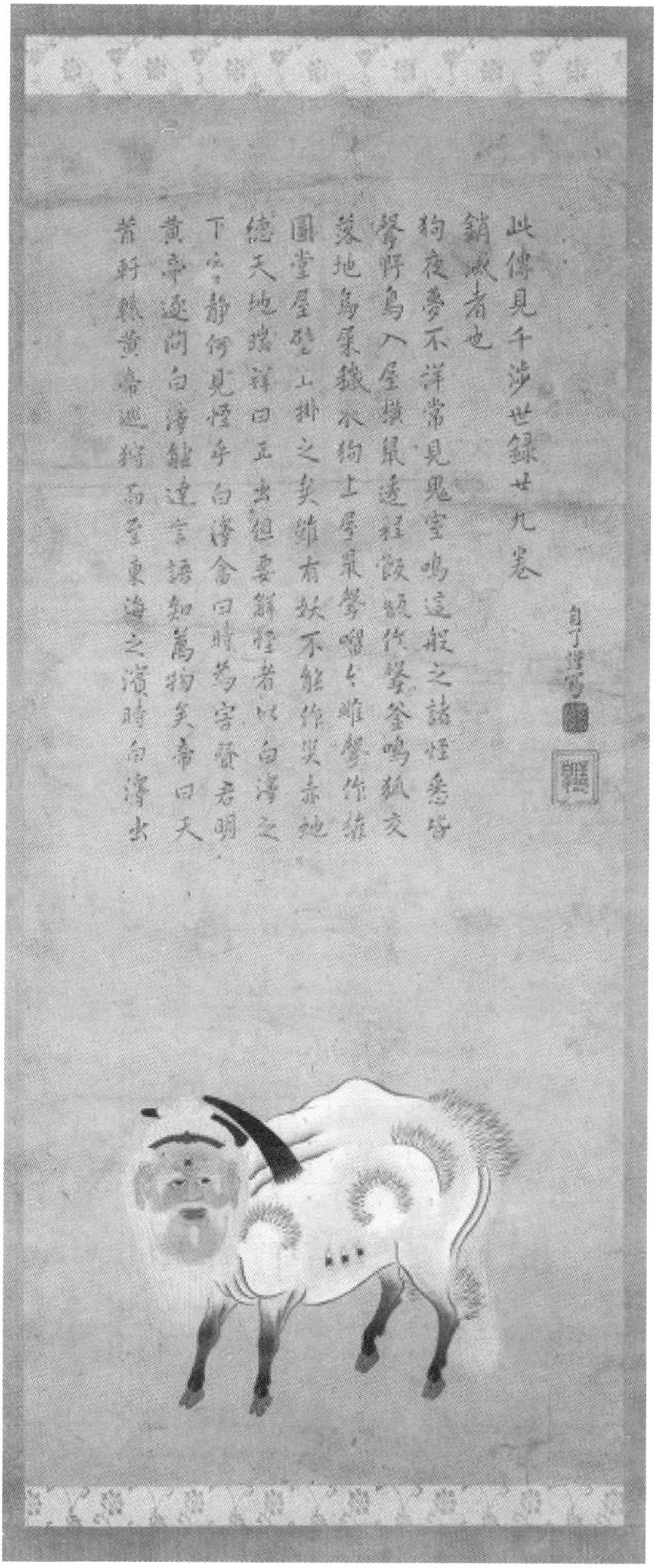

自了「白澤之図」（一般財団法人沖縄美ら島財団所蔵）

喜屋武さんが「白澤之図」に出合ったのは、画家としての道に迷い、足元を掘り下げたいと思っていたときだという。琉球の絵師たちに思いをはせ、中国、薩摩との関係の中で、愛する琉球の素晴らしさを描きたかったのではないかと考えるようになった。

「白澤」は、徳の高い為政者に忠言する中国の神獣。喜屋武さんは自了の仕事に思いをはせ、今を生きる政治家や国民が道を間違えないでほしいという思いを込め、自らも白澤を描いた。「この土地で描くからには、沖縄の歴史や、生きてきた人の思いを込めていきたい」

近世琉球史の研究は豊富な史料と、ベテランから若手まで研究者の厚みに支えられて大きく進み、その姿が子細に描かれるようになってきている。王府の史料から描かれる「国家像」は、現代における「琉球国」のイメージを大きく決定づけている。

若手研究者の一人、前田舟子《しゅうこ》さんは、学会での研究の盛り上がりとともに、学ぶ側にも近世琉球史に対する要望が高まっているのを感じるという。

日米両政府が進める新基地建設への反発や、沖縄の自己決定権を求める動き―。その中で日本とは別の主体だった琉球への関心が高まっている。「琉球とは何かという問いに、結論が求められている時期なのかもしれない」

前田さんは、国家の枠組みを描く視点とは違ったところから琉球史へのアプローチを試みたいという。今取り組んでいる研究は、清代の中国から進貢貿易で琉球が持ち帰った品がどう薩摩に移動したか。国の決まりを超えて3者がそれぞれ柔軟に駆け引きしていた実態を探る。

「琉球という国はあった。しかしそこに生きた人たちは国を意識して生きているわけではなかったと思う。沖縄の中から見て実態をつかみたい」と目標を掲げる。

琉球史の研究成果を一般にわかりやすく伝える試みも広がっている。FECオフィスの賀数仁然《ひとさ》さんは、2009年にラジオで琉球史のコラムを開始した。現在、ラジオや新聞紙上、観光ツアーなどで琉球史を解説している。

「この島々は小さく、資源もないが、旧石器時代から人が住んでいて国になり、他からの支配や沖縄戦を経て今でもしぶとく人が住んでいる。そう考えると奇跡だと思う」。その歩みは東京中心の教育の中で忘れられ「確認したいと思っても、琉球史に触れる機会がないというのが現状ではないか」とみる。

琉球史上好きな人物の一人に、1853年にペリーが来琉した時の通事（通訳）を務めた牧志朝忠《ちょうちゅう》（1818～1862年）がいる。清国につくか薩摩につくか、揺れる琉球で、国際社会の変化に気付き、ペリーの国王への謁見《えっけん》要求をかわし、送り返す機転をみせた牧志にしなやかな強さを感じるという。

「沖縄は常によそを注視しながらかじ取りをしてきた。今も大国に翻弄《ほんろう》される状況は変わらないが、うまくこぎきる知恵と自信が、歴史を学ぶ中から出てくるのではないか」

謝名親方　抵抗を象徴

1879年の「琉球処分」で日本の1県に組み込まれてから現代に至るまで、自らの将来を主体的に決めることが困難な状況にある沖縄では、日本本土と利害が対立する節目ごとに自立が主張されてきた。2012年、多くの沖縄住民の反対が無視される形で米軍機オスプレイが配備されてからというもの、自立を求める声はより高まっている。そんな中、抵抗の象徴として語られる歴史上の人物が、琉球の三司官だった謝名親方鄭迵《ていどう》（1549～1611年）だ。

「沖縄の政治的リーダーには謝名親方の如くあれ、と期待したい」—。09年、沖縄キリスト教学院

1998年7月に上演され、盛況だった「国難－謝名親方の最期」＝那覇市民会館

大学の大城宜武《よしたけ》名誉教授は「沖縄タイムス」に寄せたエッセーでこう述べた。

謝名親方は薩摩侵入後の1611年、薩摩への忠誠を誓う起請文への連判を拒み処刑された。その不服従を大城さんは、まっとうな態度だと評価する。「薩摩から示された掟十五カ条で琉球は国として自立できないことを約束させられたのであり、謝名親方は自立を主張し拒否した」

昨年、沖縄の政治リーダーが普天間飛行場の県内移設を容認したことを「現代の起請文と掟十五カ条を認めたようなもの」と批判する。「国の強大な権力に自己保身的にすりよってはいないか」。沖縄の利害が権力と対立するとき、謝名親方のように服従しないことが主体的に生きる道だとし、沖縄の自立・独立をめざす同人誌「うるまネシア」などで主張を続ける。

謝名が薩摩の吹上浜で処刑されてから39年後、薩摩侵入後の琉球を立て直すべく腐心していた摂政の羽地朝秀（向《しょう》象賢《じょうけん》）は、琉球初の歴史書「中山世鑑」で、謝名を薩摩侵入を招いた張本人とし非難した。堺出身の茶人、喜安が薩摩侵入前後を記した「喜安日記」でも「今度琉球ノ乱劇ノ根本ヲ尋ヌルニ若那《じゃな》一人ノ所為也」とされている。

しかし近代になり沖縄学が起こると、真境名安興は「琉薩交戦始末」（1896年）で謝名を「事大主義の権臣」としながらも、「公明正大に、彼の初心を遂行せしに過ぎざりき」と評価。さらに「沖縄一千年史」（1923年）で、謝名1人のために薩摩侵入が起きたとするのを「皮相の観察」と指摘した。

1930年代には真境名由康が方言セリフ劇「国難」を発表。第2幕の「謝名親方の最期」は、掟十五カ条を申し渡した薩摩に対し謝名が「今までぃ琉球や強大な明国とぅ取引し国栄てぃちゃーびたん。条文ぬ通い明国とぅぬ交じえー止みらりどぅんしぇー、琉球や生き死にぬ浮き沈みんかいかてぃ、一大事ないびーん」と不服を申し立てる。謝名は薩摩の役人の怒りを買い、処刑が決まると、琉球の精神を象徴する空手を披露した後、薩摩の役人を引き連れて沸き立つ大釜に飛び込む。この第2幕だけ独立して上演されるほどの人気を博したという。

「謝名親方」は沖縄の主体性を鼓舞する存在として、小説や絵本にも描かれ親しまれてきた。現代に生きる子孫も謝名の行為を誇りに思い、慰霊祭を開くなど、広く英雄として支持されている。

「琉球民族独立総合研究学会」の友知政樹さんも、謝名親方を尊敬する一人だ。

独立を目指す立場として「琉球」の時代をどうとらえるか。「学会の名前に『琉球』とあるが、決して王を据えて琉球国に戻るという復古主義ではない。王府と離島との関係など琉球国が抱えていた問題を直視し、新しい形を作るのが目的」と話す。そう強調した上で、琉球の歴史を学ぶことは、「こ

謝名親方の顕彰碑＝那覇市・旭ヶ丘公園

の地に生きてきた人々に確固たる主権があったこと、それは奪われたものであることを認識するために重要」と話す。

小さいながらも独自性を保持した「琉球」を学ぶことは、沖縄に住む人々が日本に決定権があることを疑い、主体性を再構築する作業と重なっている。

（この項、城間有）

「滅びゆく琉球女の手記」についての釋明文

久志芙沙子

第2部　近代編

「琉球処分」の意味／琉球救国運動／日本化の行方／
伊波普猷と沖縄学／方言論争と現在／同化の果てに

1897年　琉球国解体し「沖縄県」設置

「琉球処分」の意味

国家の強権　何度も

「これはまるで現代の『琉球処分』だ」—。

2013年11月25日、東京の自民党本部。こわばった表情の県選出国会議員5人を横目に、自民党の石破茂幹事長は「(米軍普天間飛行場の) 辺野古移設を含む、あらゆる可能性を排除しないことで一致した」と強調した。直近の選挙で「県外・国外」を掲げた議員は、党本部の意向に押し切られ、公約を事実上撤回。会見の様子は、大きな衝撃を持って受け入れられた。

県内の関係者からは、オール沖縄の基地負担軽減の声を、ヤマトに盾突くものとして一方的に切り捨てる姿勢に「また琉球処分」と評する声や、石破幹事長を「まるで処分官」となぞらえる指摘が相次いだ。

会見で「辺野古移設を含むあらゆる可能性を排除しない」と話す自民党の石破茂幹事長（左）と県選出の国会議員＝2013年11月25日、東京・自民党本部

明治政府が琉球を強制的に近代日本国家の枠組みの中に組み込んだいわゆる「琉球処分」は、沖縄の歴史的歩みの中で、大きな転換点とされている。

近世琉球は、当時の中国と幕藩体制下の日本に両属しながらも、東アジアで独自の王権国家として存続していた。だが明治政府は、１８７２年の琉球藩設置から79年の沖縄県設置などを経て、琉球を自国内に段階的に併合。

中国との朝貢関係の断絶や王権剥奪で、王権国家の基盤は無くなり、琉球は近代日本の一部に位置づけられた。この一連の歴史的、政治的過程が「琉球処分」と呼ばれる。

琉球大学の金城正篤名誉教授は「近代日本の権力措置として、琉球を自国の領土、国民の一部として確定した。琉球を辺境、国境と位置づけ、日本の『生命線』『利益線』とする考えが生まれた」と話す。

近代沖縄の大きな節目とされる琉球処分。同事象で特徴的なことは、過去の出来事ではなく「第2、第3の琉球処分」と呼ばれる社会事象が沖縄で繰り返し起こり、その記憶が現在まで反復されていることだ。

捨て石と表現される沖縄戦。日本から分離され米軍の施政権下に置かれたサンフランシスコ講和条約発効。基地撤去の求めを聞き入れず強行された施政権返還（日本復帰）。近代以降の歩みは、沖縄の立場が無視され、国家の意思が押し通された「琉球処分」の歴史と重なり合う。

ジャーナリストの新川明氏は、幾度も繰り返される琉球処分の歴史について「琉球への国家意思の貫徹」という共通点と共に、「明治期の琉球併合は国際問題だったが、以降は沖縄の問題が植民地的に国内問題として処理されるようになった」と違いを指摘。

基地負担軽減の「建白書」など、オール沖縄の日本への要請・陳情で問題解決が図られない現状を踏まえ「日本への大勢順応的な精神を乗り越え、克服することが琉球処分を考え直す意味だ」と強調している。

県民、差別的と認識

「琉球処分」を考える時、これまでに度々「処分」という表現の是非が、各論者で議論になっている。明治政府は19世紀末、当時の独立国だった琉球王国を強制的に近代日本の一部に組み込んだ。その過程で琉球は、従来通り王国の存続を望んだが、政府はこれを命令に従わないものとして一方的に「処分」し、沖縄県を設置した。

沖縄が自らの社会の歴史を振り返る時、なぜ日本側の政治的、処罰的な意図を含む「処分」という表現を使うのか。この疑問は現在も継続して議論がなされており、あらためて日本と沖縄との関係を

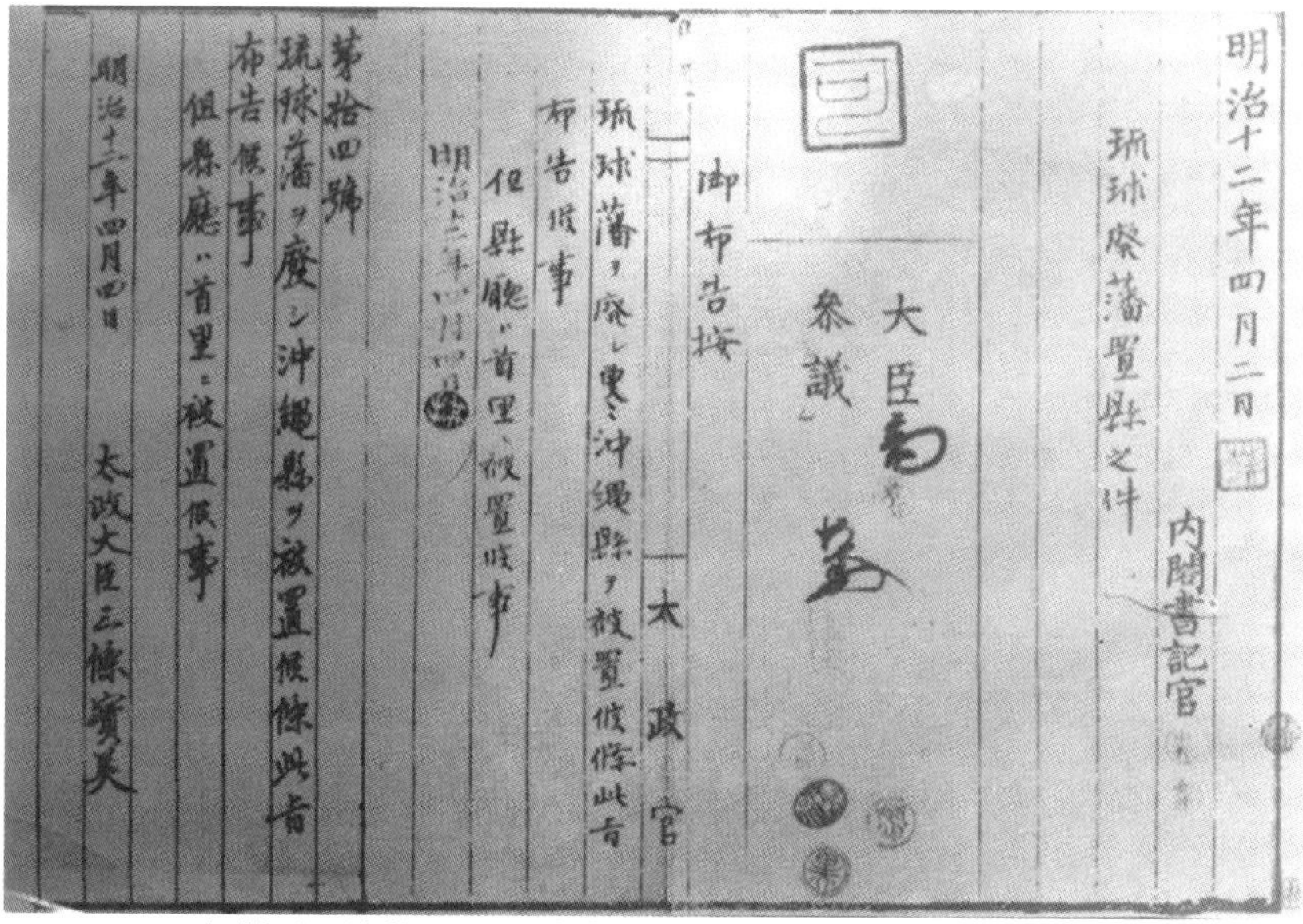
明治十二年四月二日
琉球廃藩置県之件
内閣書記官
大臣
参議
御布告按
太政官
琉球藩ヲ廃シ更ニ沖縄県ヲ被置候条此旨布告候事
但県庁ハ首里ニ被置候事
明治十二年四月四日
第拾四号
琉球藩ヲ廃シ沖縄県ヲ被置候条此旨布告候事
但県庁ハ首里ニ被置候事
明治十二年四月四日
太政大臣三條實美

琉球処分（廃藩置県）の布告の決済文書（那覇市歴史博物館所蔵）

問い直すテーマとなっている。

一般に「処分」の意味には、始末をつけ処罰する際の「基準に照らして処理する」、公法上の「行政権または司法権の作用の発動」、という二つの用法がある（「広辞苑」第４版）。

「琉球処分」は、懲罰的な措置か、単なる行政権の行使か。解釈は研究者間でも分かれる。だが今日まで多くの沖縄の人々の間で「琉球処分」が、日本政府の沖縄に対する差別的処遇と重なるものと認識されている点は無視できない。

「『処分』を『併合』と見直すことで、通説を考え直すことができる」

琉球大学の波平恒男教授（政治思想史専攻）は、「併合」という視点から、琉球が近代日本の一部に強制的に組み込まれる過程を捉える必要性を強調する（「近代東アジア史のなかの琉球併合」岩波書店）。

「従来の歴史研究は、処分する日本側の視点で捉えたものがほとんどだが、処分される側の視点からも見なければ、一方的で誤った歴史解釈になる」と説明。『併合』という視点によって『韓国併合』との類似点など、当時の東アジアの歴史とも比較が可能になる」と指摘する。これに対して、逆に「処分」の反語的意義をあえて強調する立場もある。

「近代日本は王国存続を求め抵抗する琉球を、国策に逆行すると一方的に『処分』した。琉球の歴史が取りつぶされた意味をどう考えるか。自らのアイデンティティーに関わる問題だ」

琉球大学の赤嶺守教授（琉中関係史）は「処分」という用語に含まれる強権的意味に留意し「日本政府の言う通り、琉球の歴史は『処分』される対象の誤ったものだったのか」と違和感をあらわにする。だが同時に、かぎかっこ付きの「処分」という表記にこだわりながら違和感を持ち続け、今後も同用語を使い続けるべきだと主張。

「日本政府から何でも国家意思を押しつけ続けられる沖縄でいいのか。現状を見つめ直す意味でも、強権的に『処分』された歴史の矛盾を忘れないことが重要だ」と強調している。

台湾出兵　侵略の原点

2011年11月25日、台湾南部の屛東県。140年前に現地に漂着し、先住民族に殺害された宮古島住民の遺族らが、事件現場にある琉球民墓の前で手を合わせた。

1871年、那覇で貢納後に帰郷する琉球国（宮古）の船が暴風雨で遭難し、台湾南部に漂着した牡丹《ぼたん》社事件（台湾漂着琉球人殺害事件）。生き残った乗員66人は先住民族パイワン族の集落、牡丹社

遭難した祖先ら54人の墓前で手を合わせる遺族の野原耕栄さん（右から２人目）と又吉盛清沖大客員教授（右）＝2011年11月25日、台湾屏東県・琉球民墓

にたどり着いたが、言語や文化の誤解が重なり、54人が殺害された。

だが一件は偶発的な民間の惨事に止まらない。

報告を受けた明治政府は74年、日清に両属する琉球人への加害の「報復」として台湾に出兵。琉球人を自国民として既成事実化した。一連の事件は「琉球処分」へとつながり、東アジア近代史の大きな節目とされている。

「台湾出兵は近代日本の最初の軍事行動。侵略戦争と植民地支配の原点だ」

沖縄大学の又吉盛清客員教授は、台湾出兵と琉球処分から、日本帝国の東アジアへの植民地展開を理解する必要性を指摘する。

「近世琉球は国際平和を立国の要にしていたが、琉球処分で日本に帰属し、日本帝国の侵略戦争と植民地支配の一翼を担った」

２０１４年は日本軍の台湾出兵からちょうど１４０年の節目。又吉教授は今年1年をかけて、学生らと台湾や東京、中国、沖縄にある台湾出兵の歴史に関わる場所や遺跡を探訪する企画を進めている。

「琉球処分後の沖縄は加害者となり、東アジアと敵対して、沖縄戦につながった。『負の遺産』の史実を検証し、東アジ

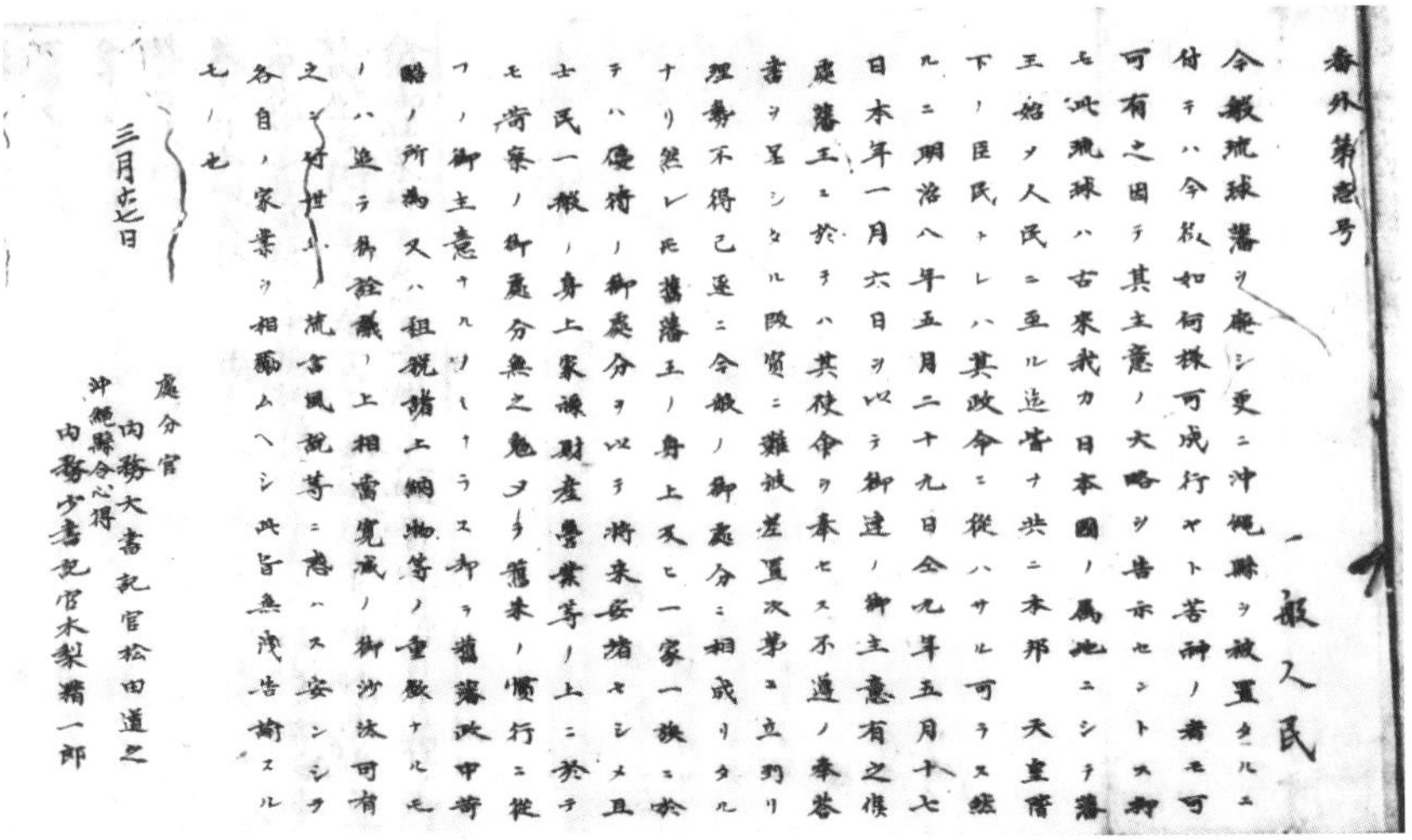
番外第壱号

一般人民

今般琉球藩ヲ廃シ更ニ沖縄県ヲ被置タルニ付テハ今般如何様可成行ヤト苦神ノ者モ可有之因テ其主意ノ大略ヲ告示セシトス抑モ此琉球ハ古来我カ日本国ノ属地ニシテ藩王始メ人民ニ至ル迄皆ナ共ニ本邦　天皇陛下ノ臣民ナレハ其政令ニ従ハサル可ラス然ルニ明治八年五月二十九日全九年五月十七日本年一月六日ヲ以テ御達ノ御主意有之候処藩王ニ於テハ其使命ヲ奉セス不遵ノ奉答書ヲ呈シタル段實ニ難被差置次第ニ立到リ理勢不得已遂ニ今般ノ御処分ニ相成リタルナリ然レ𪜈旧藩王ノ身上又ヒ一家一族ニ於テハ優待ノ御処分ヲ以テ将来安堵セシメ且士民一般ノ身上家禄財産営業等ノ上ニ於テモ苛察ノ御処分無之総テ旧来ノ慣行ニ従フノ御主意ナルノミナラス却テ旧藩政中苛酷ノ所為又ハ租税諸上納物等ノ重数ナルモノハ追テ夫々詮議ノ上相当寛減ノ御沙汰可有之ニ付世上流言風説等ニ惑ハス安ンシテ各自ノ家業ヲ相励ムヘシ此旨無洩告諭スルモノ也

三月廿七日

処分官
内務大書記官松田道之
沖縄県令心得
内務少書記官木梨精一郎

1897年に琉球の一般人民に告示された「琉球処分」の布告文（那覇市歴史博物館所蔵）

アの平和で豊かな友好関係を築くことが重要だ」と話す。

「琉球処分を歴史的な幅を持って見ると、日本の台湾出兵や清国との外交関係が視野に入る」

琉球大学の金城正篤名誉教授は、独立国だった琉球王国を帝国日本に組み込むため、明治政府が段階的に実施した琉球藩設置（1872年）から、日本と清国が琉球の分割統治を意図した分島問題（80年）までの過程を「琉球処分」と理解。琉球藩を廃し、沖縄県が設置された「狭義の琉球処分」（79年）と区別する。

「当時の国際関係では琉球処分は琉球、日本、清国という権力者間の動き。内発的要素は無く、一般民衆は眠れる存在だった」

辺野古の新基地建設など、今日まで沖縄で「琉球処分」と表現される権力措置が繰り返され、東アジアで国家間の危機が指摘される現状を対比させ、「政府と県知事、国会議員など、為政者だけが合意をしても、それを許さない力を民衆が持っている。民意という自覚的な力があることが、明治期と現在との大きな違いだ」と強調している。

（この項、与儀武秀）

琉球救国運動

1980年　分島・増約案妥結

列島分断　国家のエゴ

琉球国は1879年、明治政府によって日本に組み入れられ沖縄県とされたが、日清間の外交問題が決着したわけではなかった。清国は琉球が日本の領土となることを認めず、琉球内では国存続を求める運動が活発化。日清関係は行き詰まっていた。

そこで浮上したのが、琉球列島を分割して沖縄諸島以北を日本領土とし、宮古・八重山諸島を中国領土とすることで1880年に日清両国が合意した「分島・増約案」だった。「大日本国が宮古・八重山諸島の土地・住民を清国に引き渡す」という内容に、琉球住民の主体性を顧みない、国家のエゴイズムが見られる。

八重山郷土史家の大田静男氏は、同案を「沖縄、宮古、八重山という文化共同体が分断されるということは、そこに住む人にとっては屈辱的なことだった。国家の都合で境界線を引くことの矛盾は、今の尖閣問題にまで続いている」と認識する。

新城俊昭著「ジュニア版琉球・沖縄史」を参考に作成

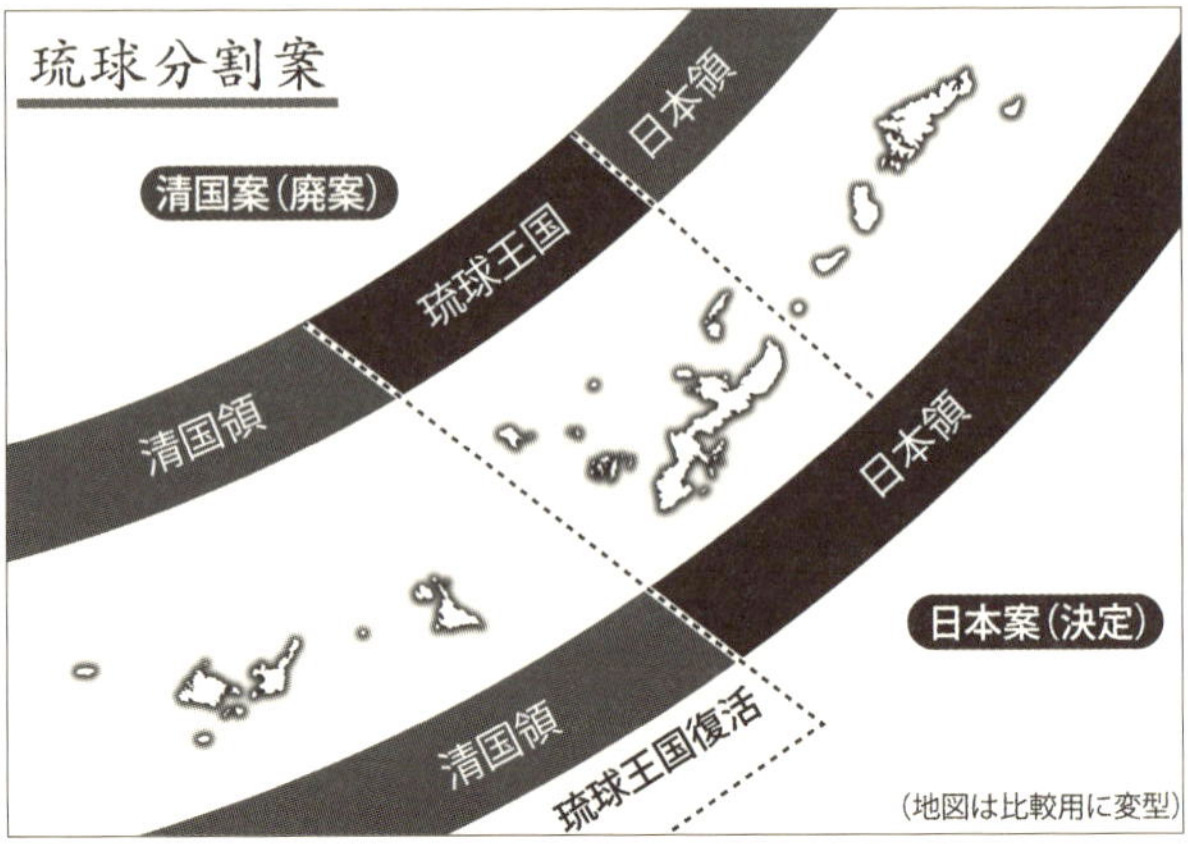

分島・増約案はその後、清国側が調印に応じなかったことで棚上げとなる。その背景に「脱清人」と呼ばれてきた亡命琉球人らによる激しい反対運動があり、それが清国の判断に影響を与えたとする見方が近年定着している。

「琉球処分」が進む1876年、首里王府は幸地親方朝常（向徳宏）、蔡大鼎、林世功ら39人を清国に派遣し、琉球国の保持を求める運動を展開した。福州で「廃藩置県」通達を知り、分島・増約案が協議されているという情報をつかんだ幸地らは、弁髪にして天津へ向かい、清国政府への請願を活発化。しかし清国が同案に合意したことに失望した林世功は自殺して抗議した。その前後、清国では同案の調印回避、延期論が大勢を占めるようになった。

琉球大学名誉教授の西里喜行氏は分島・増約案阻止運動を含む、「琉球処分」に抵抗する琉球士族層の運動を、その主体性に着目し「琉球救国運動」と総称した。日清戦争終結までのおよそ20年間に及ぶ琉球救国運動を西里氏は「琉球の民族的・国家的独自性の保持・復活を目的として展開されたある種の民族運動だった」と位置付ける。

清国の亡命琉球人、首里在、東京在の琉球士族が連動して活動。それぞれ日本、清国、米国、オランダ、フランスに対し大規模な請願活動を展開した。請願書は現在見つかっているだけでも49通に及ぶ。

西里氏は「膨大な請願書を分析するうち、亡命琉球人は自分たちを〝脱清〟ではなく、国を救う、救国運動と認識していたことが分かった」と話す。

脱清派の人々（田名弘氏提供　那覇市歴史博物館所蔵）

亡命琉球人を呼称する「脱清人」は、権力側から見た取り締まりの対象であり、「逃走」「守旧」といった否定的イメージがつきまとう。明治政府が作り上げた亡命琉球人の運動に対する否定的評価は、近年まで検証が進まないまま定着していた。

日本復帰が近づくにつれて「反政府的思想に基づいて」琉球処分反対運動を展開した（仲地哲夫氏、68年）、「（旧支配層の）薩摩＝ヤマトに対する反感と不信という歴史的な体験の集積から見通される『新政府』に対する不信と恐怖があったことを見のがすことはできない」（新川明氏、71年）という見解が次々と登場。研究は進んで現在、「琉球処分」や分島・増約案の対象としてしか見られなかった琉球人が、主体として近代史に登場するようになっている。

一方、西里氏自身も「身分制社会の中の支配層と被支配層の乖離がナショナリズムの結集を妨げ、全民族的な危機意識を共有する段階にまでは至らなかったと指摘するように、琉球救国運動には限界があった。

前述の大田氏は「脱清人は琉球王府内部の矛盾を改革すること

なく王府の再興を目指したのであり、王府役人の腐敗に苦しんだ八重山の百姓から見ると受け入れられるものではなかっただろう」と話す。

国家による翻弄《ほんろう》、主体性が立脚する意識、内部の矛盾—。現在の沖縄に通じるさまざまな課題を、琉球救国運動にも見ることができる。

広がる共感　今に重ね

琉球士族層が明治政府の「琉球処分」に抵抗した琉球救国運動は、沖縄の全民族的な運動とはならなかった。しかし琉球人の主体的立場から研究が進み、同運動がアイデンティティー保持を目指すものだったと位置づけられる今、日本への抵抗運動としての共感が広がっている。

「幸地親方朝常は権力への抵抗のシンボルとなっている」。そう話す渡久山朝一さん（社民党県連執行委員）は、清国に亡命し、琉球救国運動に生涯を費やした幸地親方朝常の親族。ハワイに渡っていた幸地の位牌《いはい》を昨年引き取り、自宅で丁重に祭っている。

かつて「士族が既得権益を確保しようとした」とされた亡命琉球人の運動。渡久山さんはその否定的な評価に、近年まで自分が幸地の血筋であることを表に出すことはなかった。

米国から日本へ、支配の構造が変わらないままの復帰に反対の立場で学生運動に参加。政治の世界に入ったが、日本の組織との〝連帯〟が叫ばれる環境で、心の底にある「ヤマトに対する反逆精神」

幸地朝常が「屈ス可（ベ）カラズ」としたためた書簡と渡久山朝一さん＝浦添市内

を押さえ込んでいた。しかし1997年、当時の大田昌秀県知事が米軍基地の県外移設を主張したことを受け「ヤマトと沖縄は立場が違うと考えないと、沖縄の問題は説明できない。日本人化された自分を脱構築しなくてはならない」と考えるようになった。

「沖縄が日本にあらがっている状況を見守ってほしい」と、幸地の位牌を据えた。

琉球大学の比屋根照夫名誉教授は、現代の沖縄で琉球救国運動への関心が高まっているのは「一種の国内亡命」と分析する。「疎外された主体が日本から離脱し、自分たちの理想とする社会を目指す運動を、亡命琉球人に重ねている」と見る。

沖縄と日本の格差を超えるため、民族統一に沿うかたちでの歴史論が築かれた復帰前は、民族からの離脱である「脱清人」の問題は議論の外にあった。

しかし復帰後も米軍基地問題などで格差は埋まらず、〝日本復帰史観〟の歴史論が沖縄の課題解決に直接結びつかなくなってきた。比屋根名誉教授は、歴史教科書問題に象徴されるように、沖縄人が積み重ねた政治経験や、沖縄戦体験を掘り起こす作業を無化するような日本政府の暴力性と対面し、新しい歴史論への転換期を迎えたとみる。「沖縄の近現代史を日本との異質性を見るかたちで根本的に見直し、琉球処分までさかのぼって組み立て直している」と話す。

沖縄のアイデンティティーを重視する歴史論の登場は、イデオロギーよりもアイデンティティーの問題が議論されている現在の沖縄の政治状況と重なるという。

亡命琉球人らが琉球救国運動の拠点とした中国・福州の「琉球館」。これに重ねて名付けた、宜野湾市の「琉球館」は、沖縄の自立・独立を目指して活動する株式会社Ｒｙｕｋｙｕ企画の拠点として２０１２年に設立された。琉球・沖縄の歴史、しまくとぅばや民俗―。沖縄人が自立するための力をつけようと、講座やイベントを開催している。

同社の照屋みどりさんは「現在の沖縄では、日本の資本や人、価値観が入りこみ、沖縄の土着の力を沖縄の人が主体的に発揮するのが難しい。沖縄の人が沖縄のために頑張る空間が必要だという認識をメンバーが共有していた」と話す。

昨年開いた琉球救国運動をテーマにした講座は、定員を超えるほどの盛況だった。そこに照屋さんは「どうして沖縄がこのような状況になっているのか、もやもやとした気持ちを解くために学びたい、という気持ちがある」とみる。自分たちのルーツを固めておかないと、沖縄戦のような命に関わる害を被る―。そんな危機感が、照屋さん自身も強くなっているという。

「復帰後の日本で育った30代以下の世代にも、沖縄の文化や歴史を伝えていきたい」。沖縄人の足場を、沖縄人自身の力で固めるために、活動を続ける。

（この項、城間有）

日本化の行方

1895年　日清戦争で日本が勝利

日清戦争後　同化進む

19世紀末、強制的に近代日本の一部に位置づけられた沖縄では、社会、経済、政治などの諸制度が大きな変化を被り、後発的に近代化を推し進めた。その際に、社会を発展させる方法は、沖縄を「日本化」することとしばしば同一視され、沖縄の文化や風俗、言語を日本に近づけることが目指された。このような政策は「同化政策」と呼ばれ、近代沖縄のあり方を規定し、その後の行く末を大きく方向付ける役割を担った。

明治政府が一方的に琉球を沖縄県とし、自国の一部にした「琉球処分」（1879年）に対して、沖縄内部では、日本統合に反対し琉球王府の存続を求める親清国派の「頑固党」と、親日派で「琉球処分」を積極的に支持する下級士族を中心とする「開化党」の路線対立が起こった。

両者の立場の違いは、「琉球処分」に対して、琉球の支配層がどのように対応したのかという姿勢の違いを反映している。対立は、沖縄県設置（79年）以降しばらく沈静化したものの、日清戦争（94

廃藩置県直後の琉球の旧士族。琉球処分後の日本化に強くあらがう人々もいた（那覇市歴史博物館所蔵）

〜95年）を期に再燃。清国が日本に勝てば、日本の一部とされた沖縄県のあり方が見直され、琉球王国の復活が現実味を帯びるため、両者の対立は激しさを増す。

琉球大学の赤嶺守教授（琉中関係史）は「日清戦争が始まると、拝所で清国の勝利を祈るなど、清国を頼りに琉球復活を願う期待が高まった。だが、清国が負け日本が勝利すると、それまでの琉球復活の期待は消えた」と前後の変化を説明する。

日清戦争での日本勝利は、明治政府への積極的な協力を進める開化派の隆盛をもたらした。その中でも積極的役割を果たしたのは、明治期に創刊された県内最初の新聞「琉球新報」（現在の「琉球新報」とは別）の論調だった。

93年創刊の「琉球新報」は、首里の旧士族層や知識人を中心に近代沖縄の言論をけん引し、政府が進めた「1県1紙制度」で「沖縄新報」に統合される1940年まで発刊された。編集姿勢について主筆の太田朝敷は、琉球新報の紙上で「世界文明の歴史的潮流に伴い（中略）沖縄の進歩発達を促さんとするもの」「地方的島根性を去りて国家的同化を計るもの」と強調している（「紙面改良の辞」1900年7月15日付）。

「琉球新報」の主筆として日本への同化を主張した太田朝敷（那覇市歴史博物館所蔵）

このような主張は、西洋や日本から近代的文物や技術を取り入れる啓発的役割を果たす一方、日本人と同化し、旧来の琉球の文化習俗を、日本化させる効果を持った。

90年の沖縄高等女学校の開校式典で、太田は「沖縄今日の急務は何であるかと云えば、一から十まで他府県に似せる事であります。極端にいえば、クシャミする事まで他府県の通りにすると云う事でありますと強調している。

当時の同化政策について、伊佐眞一氏（日本近代史）は「太田の主張は没主体的なものではなく、沖縄が物質文明を摂取する過程で、戦略的、意図的な文明化＝日本化を訴えた。だがそのような社会改良は、大きく見ると国家が主導権を持っており、昭和に入ると皇民化（天皇への忠誠を要求した教化政策）に変質していく」と同化の変遷を振り返る。

同化政策によって、近代沖縄の人々の意識は次第に変化し、低調だった就学率の向上や日本語教育の徹底、断髪、洋服の普及など、旧来の琉球の文化習俗が見直され、急速に日本化が進められた。

赤嶺教授は「日清戦争以降、沖縄は日本という国家の中でしか生きることができないという選択肢で自分たちの将来像を考えるようになった」と指摘する。

以降の沖縄社会は、日本との文化的、歴史的な差異と同一性をめぐり、さまざまに生じる葛藤とあつれきの間で揺れ動くことになる。

人類館　差別を階級化

日清戦争（1894～95年）で日本が勝ったことで琉球復国の望みが途絶えた沖縄では、近代化を目指す過程で、伝統的な文化や風俗、言語を日本に近づけることが社会を発展させる方法だと意図された。だがその意識は、近代的文物や技術を取り入れることに貢献する一方で、日本人に過剰に同化し、日本以外の歴史、文化を持つ他者を選別・排除するような社会的な効果を持った。その象徴的な出来事が、大阪で起きた「人類館事件」（1903年）だった。

03年3～7月、大阪市で政府主催の「第5回内国勧業博覧会」が開催された。その際、会場外の民間パビリオン「学術人類館」で、沖縄の遊女2人がアイヌ民族や朝鮮人らと共に見せ物とされ、沖縄側の抗議を受けて展示が中止された。この一件が「人類館事件」と呼ばれる。

学術研究を目的に、台湾の先住民族やアイヌ、朝鮮、ジャワ人らと共に「琉球の貴婦人」を生身で展示。館の開設趣意書では、内地に近い異人種「七種の土人」を集め、固有の生息、風俗などを示すことが目的と記されている。

展示に対し沖縄では、近代化のため日本への「同化」を進めようとしていた知識人らが強く反発した。言論人の太田朝敷は「陳列されたる二人の本県婦人は正しく辻遊郭の娼妓」「台湾の生蕃《せいばん》北海のアイヌ等と共に本県人を撰《えら》みたるは是れ我を生蕃アイヌ視したるものなり我に対するの侮辱豈《あに》これより

「第５回内国勧業博覧会」の民間パビリオン「学術人類館」で展示された人々の集合写真（1903年撮影、大琉球写真帖より　那覇市歴史博物館所蔵）

大なるものあらんや」（人類館を中止せしめよ「琉球新報」03年4月11日）などと主張。台湾先住民やアイヌ民族と沖縄人を同列にし、「辻遊郭の娼妓」が「琉球の婦人」として紹介されたことを問題視した。

19世紀から、世界各地で開催された博覧会は、近代的技術や先進的な産業工業品を「文明」の成果として紹介する一方で、「野蛮」な文化を社会進化論的な枠組みに位置づける役割を果たした。

展示では西洋諸国、アジア、アフリカなどの社会を発展段階的に捉え、「未開」と「野蛮」を序列化。展示内容には、遅れた非西洋の「野蛮」な社会を、先進的な西洋の「文明」が教化、啓発するという、帝国主義的な世界認識がしばしば反映された。

沖縄大学の宮城公子准教授（日本近代文学）は、「展示には沖縄人という人種的な差別と、娼婦というジェンダー・階級的な差別が現れている」と指摘。太田らの人類館批判について「沖縄が生蕃やアイヌと同列ではないとの主張と、娼婦が沖縄女性を代表するのは許せないとの意識には、立派な日本人として振る舞おうとした矛盾が反映している。男性中心の帝国主義的な太田の主張は、

人類館事件から100年の節目を機に再演された戯曲「人類館」の舞台＝2003年12月6日、大阪市浪速区

人種的、ジェンダー・階級的な差別への根本的な批判にはならなかった」と指摘する。

「人類館は終わってしまった過去の『事件』ではない。日本政府は沖縄を対等だと考えておらず、人類館的なまなざしは現在進行形だ」

関西沖縄文庫（大阪市大正区）主宰の金城馨氏は、人類館100年の節目となる2003年、有志と共に知念正真脚本・演出の戯曲「人類館」の大阪公演を実現した。

公演前には、当時の資料を掘り起こし、館や騒動の概要を検証（書籍『人類館　封印された扉』として発刊）。人類館が博覧会会場の正面入り口側にあり、場外パビリオンでも多くの来場者が立ち寄りやすい場所に位置していた新事実などを確認した。

金城氏は「沖縄への差別的まなざしが、ごまかしようがない形で明らかになったのが人類館。考え直すと現在の日本政府の沖縄に対する姿勢が良く理解できる」と指摘。

他方で「沖縄が現在も『同じ日本人として対等になりたい』という意識を持っていないか、もう1度考え直すことが必要。重要なことは、自分たちの主体的なポジショナリティを意識することだ」と強調している。

久志の小説で論争

沖縄の遊女が見せ物にされ抗議を受けて展示が中止された「人類館事件」（1903年）は、日本に過剰に一体化し、多様な歴史、文化を持つ他者を排除する近代沖縄の社会意識の問題点を浮き彫りにした。だが、このような帝国主義的な価値観に対して、根本的な疑問を投げかけるような考えもあった。その視点は、県出身の女性作家が発表した文学作品と、その評価をめぐってなされた一連の論争の中で浮かび上がった。

「滅びゆく琉球女の手記」を書いた作家久志芙沙子（1930年代に撮影）

那覇市首里出身の作家、久志芙沙子（03〜86年）は、県立第一高等女学校の在学中から、全国発刊の文芸誌などに作品を投稿していた。東京へ移り住んだ後、小説「滅びゆく琉球女の手記」（「婦人公論」32年6月号）を発表する。

同作品は、主人公である沖縄出身女性の「妾（わたし）」が、「琉球人」であることを隠しながら東京で成功し裕福に暮らす「叔父」と出会う様子のほか、「叔父」や郷里の家族の過去のあり方を自身の視点で振り返る内容。出身地「琉球」の生活の窮状や手の甲の入れ墨（ハジチ）、沖縄語による唄などの文化、習俗を交えながら「何百年来の被圧迫民族」である琉球の行く末のつらさを描いていた。

この作品に対し、在京の沖縄県学生会や県人会からは、「沖縄のことをこのように洗いざらい書くことは止めるべきだ」「アイヌや朝鮮人と同一視されては迷惑」などの抗議が上がり、久志に対して誌上での謝罪を求めた。

当時、進学や就職で本土に移り住んだ沖縄出身者は主にエリートでありながら、言語、文化的な隔たりから、しばしば周囲からの差別や偏見にさらされた。久志への抗議は沖縄出身者の社会的抑圧を示すとともに、過剰な同化意識が、日本以外の歴史、文化を持つ他者を排除する危うさを浮き彫りにしている。

だが、この謝罪要求に対して久志は、同誌次号に「お気に召すやうな謝罪の言葉がみつからない」と真っ向から反論する「釈明文」を掲載。

「（県学生会の）代表の方々は我々を差別待遇して侮辱するものだといきまいて居られたが、その語はそつくりその儘《まま》、アイヌや朝鮮の方々に人種的差別をつけるやうなものではないかと思われます。妾《わたし》自身は（中略）人間としての価値と、本質的には、何らの差別も無い、お互ひに東洋人だと信じて居ります」「風俗習慣の改良を、声に大きくして叫んでゐられる由であつたが、妾自身は、異つた風俗習慣、必ずしも一概に卑しむべきでなく、又排斥すべきものではないと信じて居ります」（原文まま）などと主張した。

久志の反論について沖縄女性史家の宮城晴美氏は「差別意識は当時の同化政策で培われた部分が大きい。日本への同化を先行させる県学生会と違い、久志は首里出身のプライドや沖縄の原風景に対する意識があった」と指摘する。

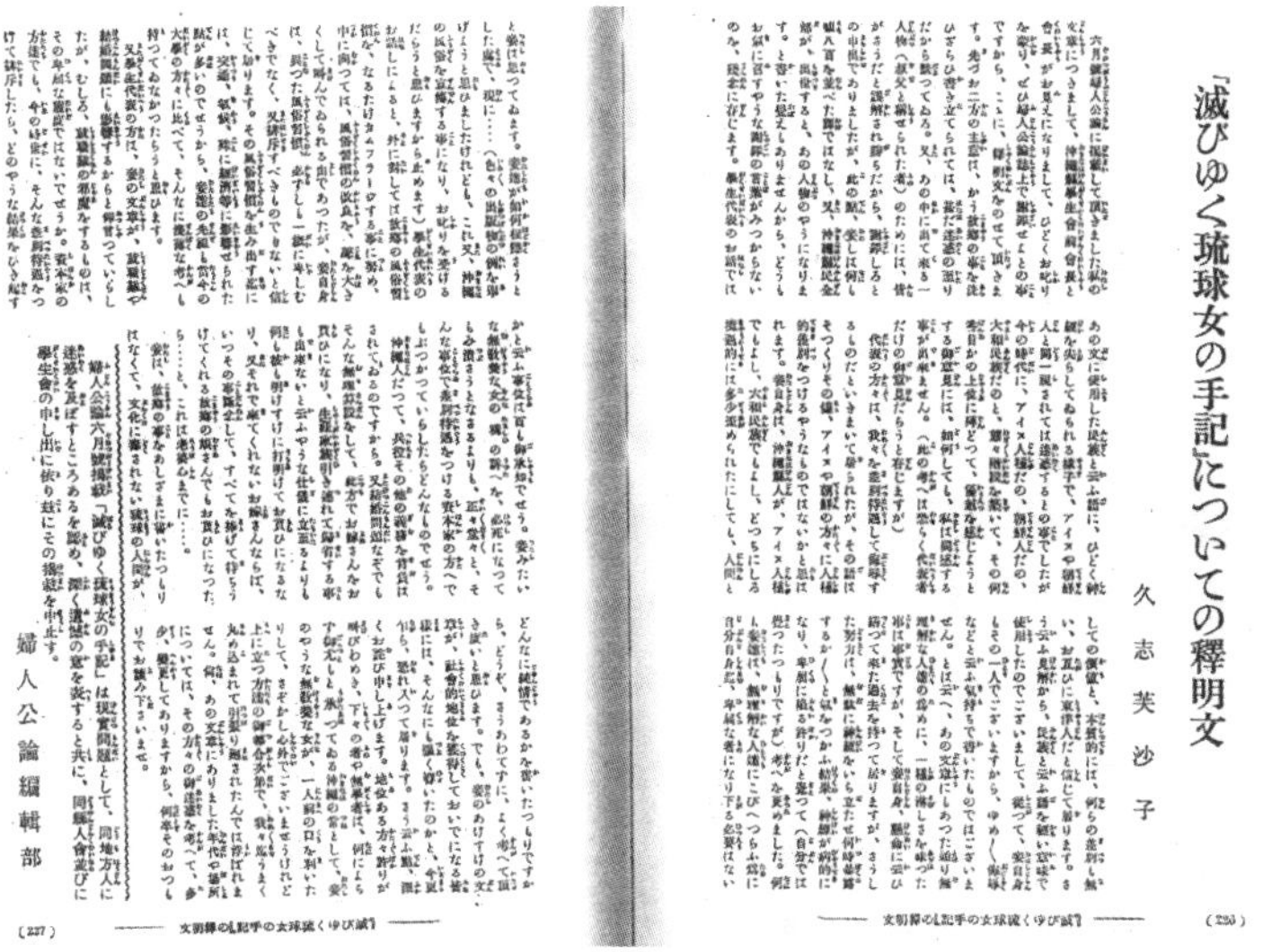
(235)

「滅びゆく琉球女の手記」についての釋明文

久志芙沙子

婦人公論六月號掲載「滅びゆく琉球女の手記」は現實問題として、同地方人に迷惑を及ぼすところあるを認め、深く遺憾の意を表すると共に、同縣人會並びに學生會の申し出に依り茲にその掲載を中止す。

婦人公論編輯部

(237)

「婦人公論」に掲載された久志芙沙子による「釈明文」の誌面（1932年、7月号）

同級生の聞き取りから、頭脳明晰《めいせき》で資産家だった久志の実家が不況のあおりを受け、次第に周囲と疎遠になったことなどを紹介。「貧困の中で作品と向き合い、沖縄の痛みを社会的弱者に向ける感受性ができた。世間の風聞や権威になびかない自分の考えにまっすぐな生き方は、社会的エリートの上からの目線とは異なる」と説明する。

また、沖縄国際大学の桃原一彦准教授（社会学）は、「自己評価を劣等なものと認識する要因は、自然発生的なものではなくコンプレックスを持たされるようなまなざしが社会の中で構成されていく」と指摘。「近代沖縄のエリートとは逆に、周辺化された社会的マイノリティーの方が日本化にまい進していく例もある。近代以降の沖縄で、久志のような抵抗や知恵、戦略がどのように蓄積されてきたのか、あらためて検証することが日本化に伴う排除の構造や限界を検証することにつながる」と話している。

（この項、与儀武秀）

1911年　「古琉球」出版

伊波普猷と沖縄学

日琉同祖論　後世に批判

日清戦争で日本が勝ったことを機に、沖縄にも徴兵制をはじめ次々と日本の制度が施行された。日本国家の中にあることを余儀なくされた沖縄を生きた代表的な知識人が伊波普猷（1876～1947年）である。その学問と思想は、当時の沖縄を主導したにとどまらず、現代にも大きな存在感をしるしている。

県立尋常中学校で校長の辞任を求めるストライキ事件を主導して退学になった後、伊波は、京都の第三高等学校に進学する。在学時の1901年に書いた「琉球史の瞥見《べっけん》」で伊波は、当時の沖縄を「何者も出ず為に人をして唖然たらしむる『ミゼラブル』の時代」と嘆いた。

歴史家の高良倉吉氏は、伊波が「沖縄は『人心』は『分離』し『目前の小得失と局部の小利害とを相争』う不毛な状態（中略）本土日本人に誤解され偏見の目で見られており、日本の歴史研究者も沖縄などを関心の埒外においている深刻な現実がある」と認識していたと考察。この論文が「沖縄に対

伊波普猷

する愛情を内にひめた彼の精神的軌跡の道標」と分析した（「伊波普猷における思想と歴史論」『新沖縄文学』31号、76年）。

その後東京帝国大学で言語学を修めた伊波は沖縄に帰り、『古琉球』を出版する。それまで主流だった官僚や本土アカデミズムからの沖縄研究を離れ、原始からの沖縄像を、言語、歴史、民俗、文学とあらゆる方面から分析し構成した、沖縄の人間による記念碑的な著作であった。

以来「沖縄学」は、奄美群島を含む琉球諸島の総合的・体系的な全体像を構築する学術的行為であるとともに、沖縄のアイデンティティーを追求する思想的営為として引き継がれていった。

伊波は、日本と琉球の祖先が同じだとする「日琉同祖論」を提唱したことで知られる。沖縄の現状に痛憤し「小民族が大民族に併合される場合に前者が後者と祖先を同じうし、神を一にするといふことを意識することが出来たら、其苦痛は確かに半減するに相違ない」（『琉球の五偉人』16年）と考えた伊波は、日本国家の一員としての沖縄人というアイデンティティーを「日琉同祖論」で再構築した。

「沖縄学」も「日琉同祖論」の中で展開し、言語学や考古学、民俗学の分野で「日本民族の一分枝」という視点から研究が進められた。安里進氏（県立博物館・美術館長）は「日本の中で生きていくしかない状況で、異民族に支配されているという苦しみを背負うより、同民族と考えるのが沖縄が主体的に生きるためには都合がいいと、伊波は考

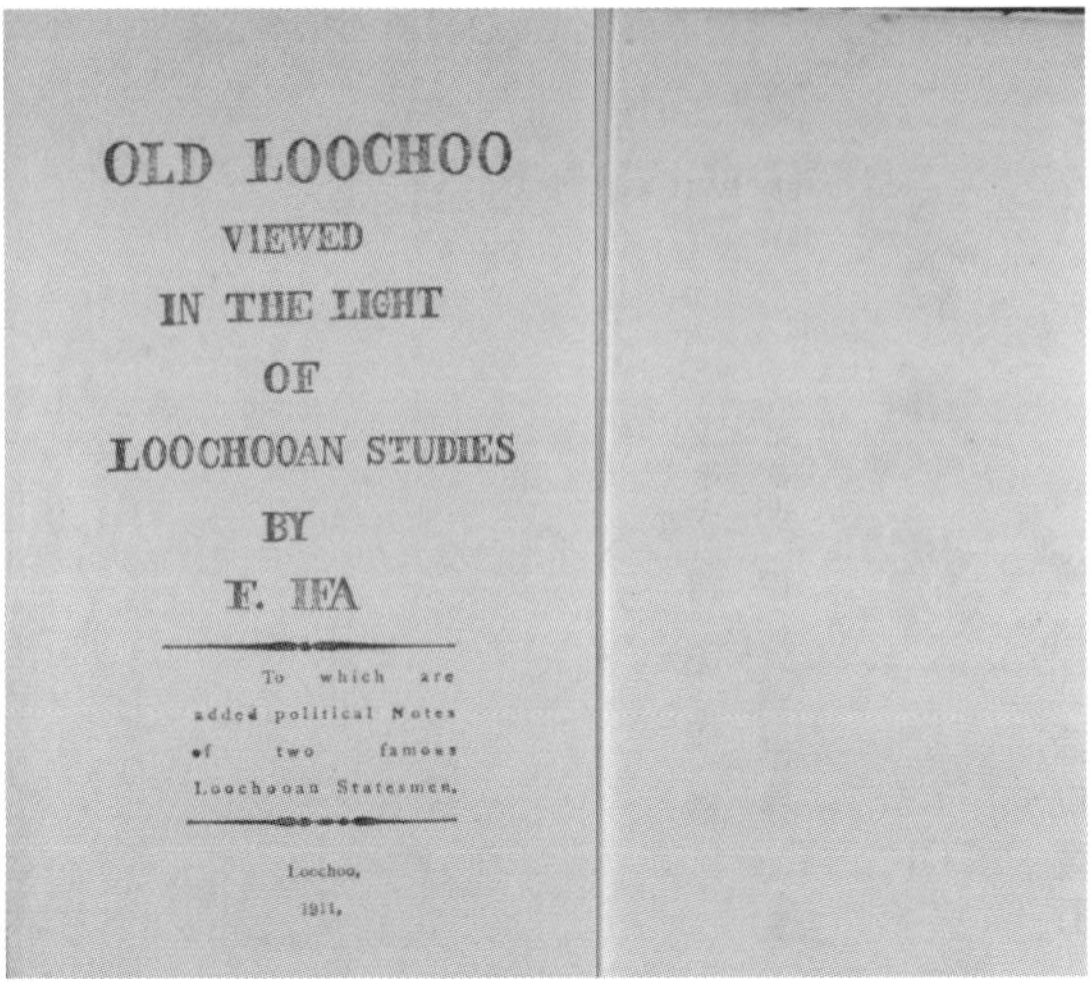

伊波普猷著『古琉球』に収められた英文のタイトル。著者名を「イファ」と本来の発音で記している（県立図書館蔵）

えた」と分析する。

しかしその「日琉同祖論」は、沖縄の皇民化を進め、戦争へと進む日本の超国家主義を「下から」支えることにつながったとして、後世、批判を受けることになる。

伊波の「日琉同祖論」との思想的格闘は70年前後、沖縄社会が日本「復帰」に向かう状況で始まった。

日本「復帰」を、主体性のない「日本同化希求の思潮」と批判し「反復帰論」を唱えたジャーナリストの新川明氏は、71年の著書『反国家の兇区』で「惨めな戦争体験をもち出すまでもなく、むしろ決定的にマイナスに作用して今日に至り、今後さらにマイナスの方向にのめり込ませるものとして、沖縄の日本同化思想＝日本国民意識が存在しているということを考える時に、伊波が担った思想的な意味の重さを、わたしは決して軽く考えることはできない」と述べた。

当時を振り返り新川氏は「伊波普猷的な日本同化志向に対する批判は『復帰』運動への批判だった。しかしその『復帰』運動は思想的総括がされないままで、日本同化志向も今の沖縄に引き継がれている」と話す。

石破茂自民党幹事長に屈するような県関係国会議員の態度。それに続く仲井真弘多県知事の辺野古埋め立て承認―。「権力に対して自ら律することのできない状況、これも同化の一つの形と見ている」という。

しかし70年代とは違う動向も。「根強く日琉同祖論的な志向が残っている一方で、自立独立論的な考えがはっきりした形で生まれている。双方が激しくせめぎ合っている現状がある」と指摘する。

戦時論考　批判上がる

1945年3月26日に慶良間諸島、4月1日に沖縄島に米軍が上陸した。沖縄に戦火が迫り来る状況を東京で伝え聞いていた伊波普猷は4月3、4の両日、「東京新聞」に「決戦場・沖縄本島」と題する論考を寄せた。

「敵は遂にわが沖縄本島に上陸して来た。勇猛の気象を持つた琉球人が今こそ、その愛する郷土を戦場として奮戦してゐることを想ふと私も感慨切なるものがある」（原文まま）と始まるこの文章を、戦時体制を翼賛するものと位置づけ批判したのが、伊佐眞一氏の著書『伊波普猷批判序説』（2007年）である。

伊佐氏は「当時伊波は戦争に加担せず少なくとも協力しなかったとか、人道主義的なデモクラット、という人物像が作られていた。しかし、ヤマトに対する気後れの原因を探ろうとして伊波を読んだ私には、納得できないことがたくさんあった」という。

伊波普猷顕彰碑の除幕式＝
1961年、浦添市内

伊波の文章や周辺の事象を分析し「日本国家の一員として外敵に立ち向かう姿勢」「近代化が遅れた韓国・中国という見方」「日本国家教育への礼賛」があると読み取った。

「明治の中期以降に獲得した彼の基本的な秩序意識は、晩年まで連綿とした等質性の思想体質を保っていた」という伊佐氏の結論に対しては、「単純化しすぎる」という批判が起こった。しかし伊佐氏は「思想の一番重要な核は世の中が緊張したときに出てくる。伊波は決して時代に流されたのではない」と話す。

伊佐氏によって打ち上げられた伊波の思想的「弱点」は、沖縄に向き合う知識人によってさまざまに思考された。

屋嘉比収氏(当時沖縄大学准教授)は「沖縄タイムス」07年9月18日付の『伊波普猷批判序説』と現在・2」で「戦意高揚を高々と謳う他の多くの知識人の文章とは異なった、抑制された声さえ聞こえるような気がする」と伊佐氏の見解に疑問を表明。

その上で、伊波がわずか4カ月後に一転「無謀な戦争」だったとしたことに「(伊佐氏は)『沖縄の知識人』を代表する伊波普猷の『あまりにも無節操』な言動を確認し、批判の矢を放ったのである。その批判は、いま伊波普猷の発言をどう読むべきか、という現在に生きる私たち一人一人への重い問

新川明著『反国家の兇区』（新版・左）と伊佐眞一著『伊波普猷批判序説』

いかけでもある」と評価した。

琉球大学の金城正篤名誉教授は、伊波が目を向けた、日本の中での沖縄の「独自性」「特殊性」「個性」といった「いわばマイノリティーが抱く観念は、それ自体としては危うく脆いものであろう」と考察。「この危うさ・脆さを放置するのでなく、強靭《きょうじん》な武器に鍛え上げることこそが、課題ではないのか」（「同・5」「沖縄タイムス」07年9月21日付）とくぎを刺した。

金城氏は「伊波の日琉同祖論は、沖縄の個性を無視してすべて同化すればいいというものではなかった」とし、日琉同祖論批判で一蹴してしまうことに疑問を呈する。

日本「復帰」を経て「離日」ともいえる動向が見られる現在、伊波の「日琉同祖論」はどうとらえられるか。

沖縄キリスト教学院大学の照屋信治准教授は、「琉球民族独立総合研究学会に代表されるように、沖縄を一つの民族としてとらえる動きが登場し、日琉同祖論の無効性が明らかになっている」と話す。

日琉同祖論はまず、単一民族国家であることを疑う国民国家論によってその正当性を揺るがされた。世界中で自己決定権を求める人々が新たな民族として登場しており、伊波が「琉球処分後」の沖縄でヤマトと同じような権利を得る可能性を見いだそうとして日琉同祖論という「戦略」を使った時代とは違う。「民族統一」によらずとも自立的な社会をつくる方法」が多様に示されるようになったという。

照屋准教授は伊波の日琉同祖論は、当時は沖縄の自律性を高めるのに有効だったが、現在においては無効だと言い切る。「日琉同祖論が乗り越えられようとしている今、伊波普猷から継承すべきは、いかに民衆をエンパワメントしようとしたか、その闘う姿勢であるべきではないか」

（この項、城間有）

方言論争と現在

1940年　方言論争

沖縄語復興　価値を再認識

日本への同化政策と軌を一にして、沖縄語という土着的な言語に代わり、標準語を用いることが奨励されていく。その中で１９４０年、ヤマトからの派遣役人が上層部を占めていた沖縄県学務部に対し、柳宗悦ら日本民芸協会が、標準語励行を「方言の侮蔑、抑圧につながる」として批判した。以降、標準語指導の行き過ぎや沖縄語の保護などを巡って、双方で約1年にわたり「方言論争」が起きた。

当時の県は、出稼ぎや移民で県外へ移り住んだ沖縄人が、日本語能力が劣っているため誤解や不利益を被っているとして、標準語を励行。時に方言札などの強制的な方策もとられ、沖縄語が社会的に抑圧される傾向にあった。

これに対し、来県した柳ら日本民芸協会の同人は、県関係者との座談会で「琉球の言葉をおろそかにしてはならない」として標準語励行の行き過ぎを指摘。「県民に屈辱感を与えるもの（中略）地方語の価値を否定して、これをないがしろにするような態度には賛成できない」とした。

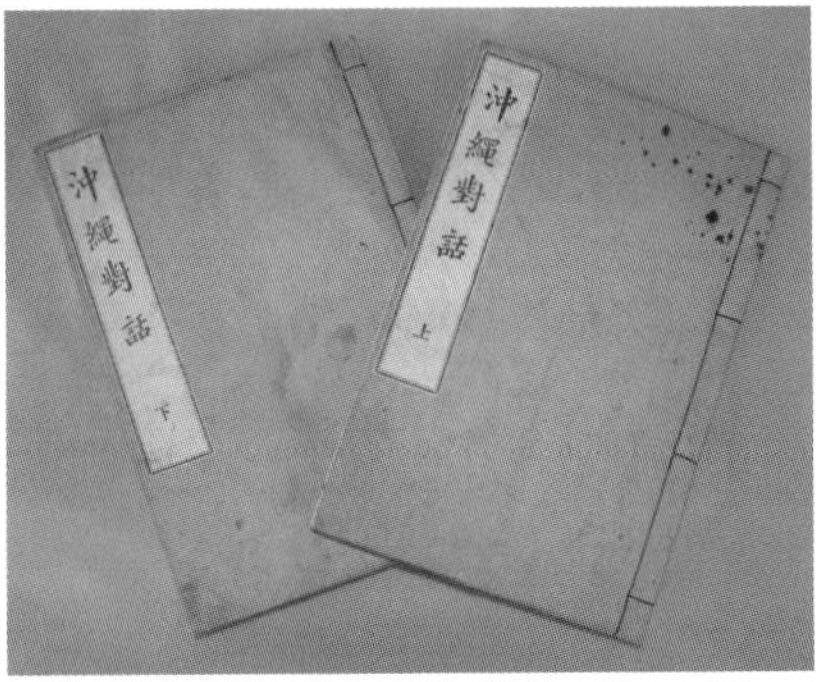

琉球処分後に県学務課が編集・発行した県民向けの標準語の教科書「沖縄對話」。創設当初の師範学校や小学校で使用された（県公文書館所蔵）

一方、県側は方言撲滅の意図はなく「県民性が明朗闊達となり進取的気風が養成されつつある」「標準語励行こそ県民を繁栄に導く唯一の道」などとして協会側に反発。県民の発展、活躍のため標準語を励行する県と、地域言語の保護を訴える民芸協会の見解は正面から対立した。

「方言論争」は従来、県庁の強制的な言語政策に対して地方の文化個性を尊重する民芸協会、との図式で理解される傾向があった。だがそのような理解は、今日さまざまな形で捉え直されている。

中でも論点として指摘されるのは、民芸協会が沖縄文化を尊重する姿勢の背後にある、次のような視線だ。

「日本において現存する各種の地方語のうち伝統的な純正な和語を多量に含有するのは東北の土語と琉球語とである、就中後者はその点において寧ろ国宝的価値をすら有する」（柳宗悦「敢て沖縄県学務部に答ふの書」沖縄朝日新聞など、40年1月14日）

標準語の「純正」強調のため「方言」を重視する視点は、沖縄語の価値を「純正な和語」に貢献させ、日本のナショナルな枠組みを強化する。

他方、この柳の主張に対して県内世論は共感とは逆に、強く反発。新聞投書では「復古病者」「沖縄の前進を阻む」などとして、標準語を徹底し県民の劣等感を払拭《ふっしょく》すべきだとする声も相次いだ。

珍重される地域個性を持った沖縄語の保存を訴える民芸協会と、標準語獲得を急ぐ県民の心情はね

シンポ「しまくとぅばで語る戦世」の来場者。各地で開催される沖縄語の講座やシンポの関心は高い＝2014年6月22日

じれた。

沖縄キリスト教学院大学の照屋信治准教授は「柳らの主張は基本的に伊波普猷の『日琉同祖論』を元にしたもの。当時の社会背景では、標準語習得が一定の社会的地位獲得になるため、被統治者が意識的に標準語を獲得した側面がある」と指摘する。

標準語励行から約75年。現在の沖縄では、沖縄各地の言語が消滅危機に直面する。

ユネスコ（国連教育科学文化機関）は２００９年、世界の約２５００言語が消滅危機にあると報告した。その上で琉球諸語を独立した言語（個別言語）として「沖縄語」「国頭語」「宮古語」「奄美語」「八重山語」「与那国語」に分類。「これらの言語が日本で方言として扱われているのは認識しているが、国際的な基準だと独立の言語と扱うのが妥当」として、下位方言も危機度が高いとした。

県内各地では現在、沖縄語復興の取り組みにより、文化的な枠を超え、言語が自らの主体性やアイデンティティーのよりどころとして価値を持つことが再認識されている。

詩人の川満信一氏は「現在の沖縄語復興は守旧的なものではなく、国家の抑圧的政策への対抗文化として要請されている側面がある」と指摘。同時に「言葉は政治的条件とは別に、文化論的、表現論的な多様性も持っている。政治状況下で沖縄が統一意思を示す必要性と共に、今後は複数的、多言語的に言葉を使うという戦略的な認識も必要だ」と説明している。

（この項、与儀武秀）

1945年　沖縄戦

同化の果てに

沖縄側の反省　重要に

強制的に帝国日本の一部となった沖縄では、伝統的な文化や風俗、言語を日本化することが社会発展の方策だと意図された。だがその姿勢は、近代的文物や技術を取り入れる啓発的役割を果たす一方、日本への過剰な同化と結びつき、昭和に入ると皇民化（天皇への忠誠を要求した教化政策）に変質した。日本化にまい進した末、沖縄に待ち受けていたのは、壮絶な地上戦闘と多数の尊い人命の犠牲だった。近代沖縄を総括する歴史事象が沖縄戦であることの意味は、極めて重い。

沖縄戦はアジア太平洋戦争末期の１９４５年、沖縄本島や周辺離島を中心に連合国軍と日本軍との間で行われた大規模な戦闘。壮絶な地上戦や空襲で、戦闘員と共に多くの住民が巻き添えになった。沖縄戦の特徴は、日本軍の戦闘目的が、沖縄の一般住民の生命や財産を守ることではなく、米軍の侵攻を遅らせ、想定される本土決戦の時間かせぎと意図されたことだ。

日本軍にとって最も重要なのは「国体の護持」（天皇を中心とした国家体制の存続）だった。沖縄戦前の「帝国陸海軍作戦計画大綱」（45年）では「皇土特に帝国本土を確保」するために「帝国本土」ではない沖縄を「本土防衛の為」の場所と規定。住民の生命ではなく、国家体制を守ることが最優先された。

沖縄国際大の吉浜忍教授（沖縄近現代史）は「従来は軍人中心の回想録などが一般に知られていたが、住民の聞き取りを集めた『沖縄県史　沖縄戦記録1』（71年）の刊行で、日本軍による沖縄住民の壕からの追い出しやスパイ容疑などの事例が明らかになった。軍隊は住民を守らないという経験が共有される契機になった」と話す。

「軍隊は住民を守らない」との記憶は、今日まで沖縄で重要な経験則となっている。だが同時に、沖縄は単に被害者的な立場にあっただけではなかった。沖縄戦を考える上で無視できない重要な点は、沖縄の人々が日本への一体化の末に、自ら積極的に戦争に協力していった事実だ。

戦時体制下で、日本への同化は皇民化と軌を一にし、在郷軍人会や婦人会をはじめ、学校、地域を含めた動員体制がとられた。沖縄戦直前に県内に日本軍の陸軍部隊が展開した際は、県民が熱狂的に出迎え、以降も献身的に「友軍」に協力し、勤労奉仕に従事したとされる。

摩文仁海岸に追い詰められた日本軍は米軍の火炎攻撃に観念し、次々投降する＝1945年6月25日（米軍撮影）

沖縄を発展させるためとされた日本への一体化は、次第に戦時体制下における皇民化へと結びついた。その結果、沖縄社会が行き着いたのは、発展ではなく沖縄戦という逆説的な帰結だった。

沖縄戦は主に沖縄戦後史のスタートと位置づけられ、人々に意識されている。同視点からは戦後の米軍統治から復帰を経て、現在まで継続する過重な基地負担の「起点」として沖縄戦が捉えられる。だが近代の沖縄を振り返った場合、沖縄戦は、日本という国家の一部に位置づけられた後、急激に日本への同化、皇民化にまい進した「結果」であることが浮かび上がる。

「沖縄県史」の大城将保編集委員は「44年までは、沖縄では食糧増産のための戦争協力が主だったが、沖縄戦直前に日本軍の実戦部隊が県内に展開し一般住民と混在したことで、多くの被害者が出た」と指摘。

県民の多くは、戦争に対する時局の認識もないまま被害に巻き込まれた一方、近代以降の同化政策で日本化の同化を推し進めた学校教員や役人らの社会的指導層の中には、戦時体制下で軍へ積極的に協力した人物もいたという。

「沖縄戦には、沖縄人を同胞と見なかった日本軍の差別意識とともに、学校教員や役人など沖縄の社会的指導者が日本化を推し進めた結果という、二重の側面がある」と説明。沖縄住民に対する日本軍の行為を繰り返し問う重要性を指摘しながら、同時に「沖縄人自身の反省として、近代以降の沖縄のヤマト化の流れを考えることも必要だ」と話している。

（この項、与儀武秀）

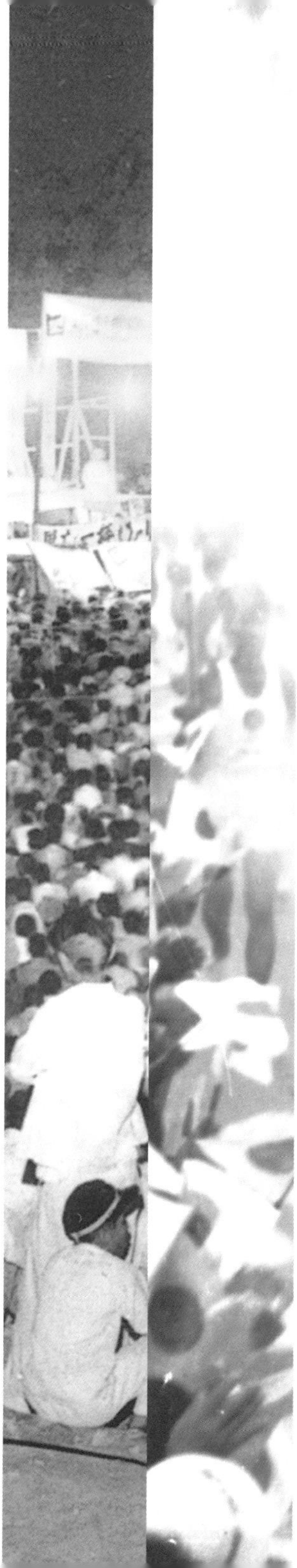

第3部 戦後編

講和条約と屈辱／島ぐるみ闘争／復帰への道／反復帰論のいま／再び日本へ

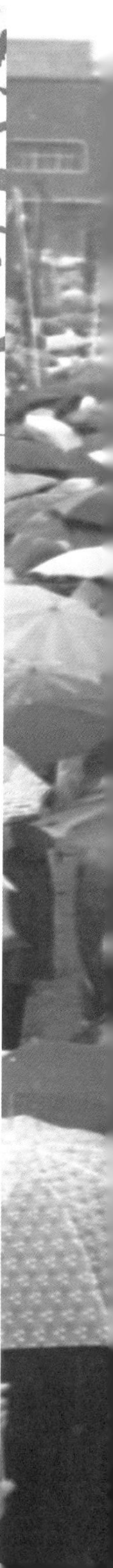

講和条約と屈辱

沖縄切り捨て　再び

「県民の心を踏みにじり再び沖縄を切り捨てるもの。『がってぃんならん』との憤りを持ち強く抗議する」—。

2013年4月28日。宜野湾市海浜公園の屋外劇場には、約1万人の参加者（主催者発表）が集結。「がってぃんならん！」（納得いかない）と5回声をそろえ、日本政府に対する怒りの拳を突き上げた。

同日、政府はサンフランシスコ講和条約が発効した1952年4月28日を日本の「主権回復の日」とする、政府主催の式典を東京で開催した。だが、同条約によって日本から施政権が切り離された沖縄では、長年「屈辱の日」とされてきた同じ日の式典開催に人々が強く反発した。

政府式典と同時に開催された「4・28『屈辱の日』沖縄大会」では、参加者から「米軍占領下の沖縄の苦しみを理解していない」「平成の沖縄切り捨てだ」との批判が相次いだ。

「4・28『屈辱の日』沖縄大会」で「がってぃんならん」と拳を突き上げ抗議する参加者＝2013年4月28日、宜野湾海浜公園屋外劇場

講和条約は、第2次大戦による日本と連合国との戦争状態を終結させるため、両者間で締結された平和条約。戦後に未解決となっていた諸問題を解決するため、51年9月に署名、52年4月28日に発効された。

連合国と日本との領域、安全、政治、経済条項などについて網羅的な取り決めが定められたが、とりわけ沖縄に大きな影響を与えたのは、第3条で北緯29度以南の地域が、日本から行政分離され、奄美、小笠原諸島などと共に、米国の信託統治下に置かれることになったが、それまで暫定的に米国が施政権を保持したことだった。

条約の発効後は日本が独立国として国際社会に復帰し、目覚ましい戦後復興を遂げた一方、沖縄では強制的な土地接収などで軍事基地が拡大。米兵による多くの事件・事故も頻発し、基本的人権がないがしろにされるなど、沖縄の人々は理不尽な社会状況下に置かれ続けた。

同条約に対する沖縄と日本政府の相反する反応から浮かび上がるのは、沖縄と日本がたどった戦後の歴史的歩みの顕著な対称性だ。

沖縄大学の新崎盛暉名誉教授（沖縄近現代史）は「恐らく安倍政権の内部では、講和条約を『主権回復の日』とする認識の視野に、沖縄は入っていなかったのではないか」と指摘。

条約発効後の60年までに、本土の米軍基地面積は4分の1に減る一方、沖縄は2倍に増えたことなどを踏まえ「海兵隊の移駐が進み、50年代末には沖縄でも本土の基地の沖縄への『しわ寄せ』が言われるようになった。政府式典に伴う沖縄側の反発は、戦後から復帰を経て、安倍政権の現在の沖縄政策に至るまでの、強い異議を象徴的に反映している」と強調する。

占領脱出へ復帰運動展開

サンフランシスコ講和条約で日本から施政権が切り離された沖縄では、発効の1952年4月28日が「屈辱の日」とされてきた。

だが、当時の新聞紙面では「取残された嘆息が深く、もがいたところでどうにもならぬ諦めがわれわれの胸を締めつける」（「沖縄タイムス」52年4月29日、社説）との記述がある一方「祖国独立を涙で祝福」（同社会面）などの祝賀ムードが報じられている。現在のように「屈辱」や「沖縄の切り捨て」といった厳しい表現が使われていない。

条約発効が沖縄の「屈辱の日」と意識されるようになったことには、どのような経緯があるのか。

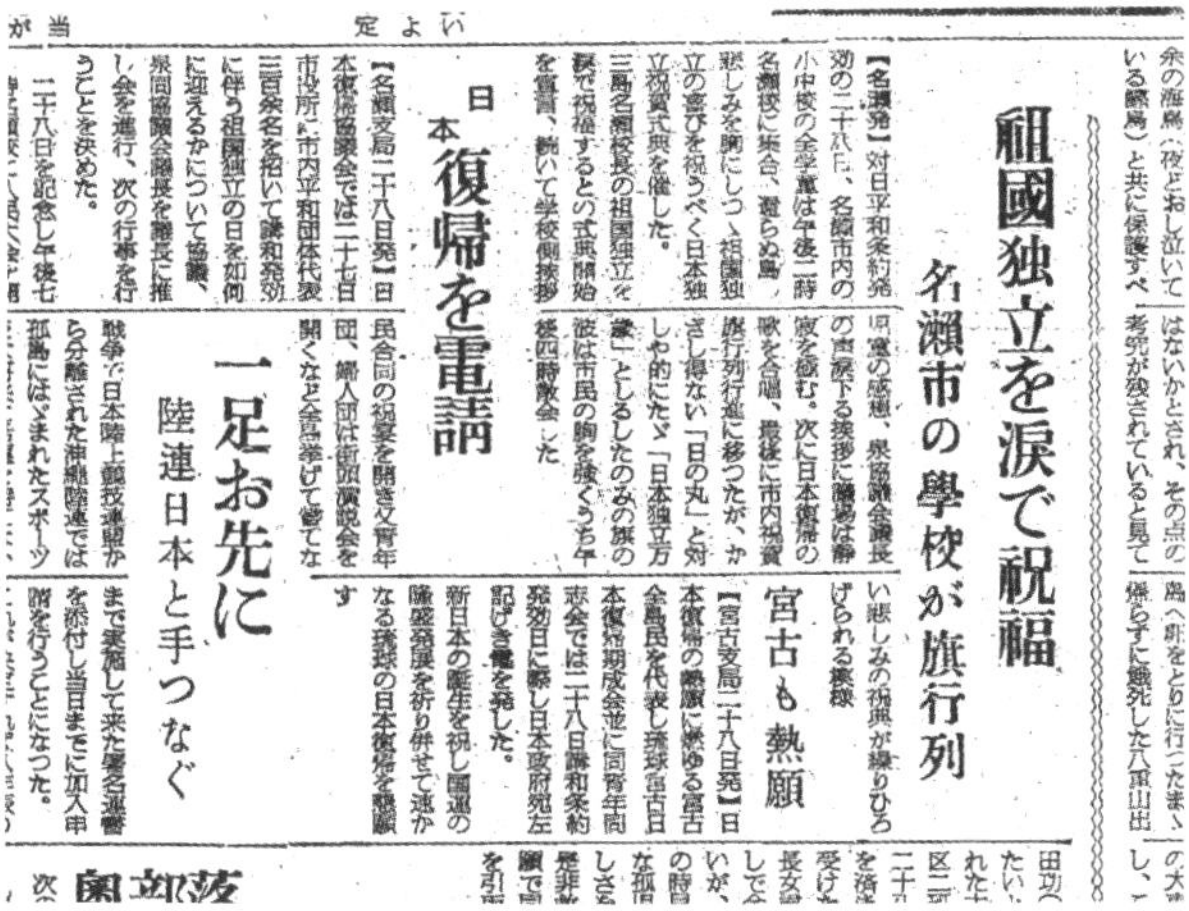

講和条約発効翌日の新聞紙面。「祖国独立を涙で祝福」との祝賀ムードが報じられている（「沖縄タイムス」1952年4月29日付社会面）

沖縄大学の新崎盛暉名誉教授（沖縄近現代史）は「沖縄で『屈辱の日』という言葉が登場するのは61年から。背景には、条約発効から60年安保に至る沖縄への基地のしわ寄せに対する異議がある」と指摘する。

発効時、米国の施政権下に置かれた沖縄では「取り残された」「残念だ」との声があったものの、日本の国際社会への復帰を「朗報」と考え「日本の独立を契機にして」次は沖縄が戦後の占領体制から脱する、との期待があった。

だが、本土からの海兵隊の移駐や強制的な土地接収などにより、その見通しは陰りをみせ、50年代半ばからは、次第に「基地のしわ寄せ」との不満が口にされるようになる。

60年安保の改定時には、岸信介首相（当時）が沖縄を共同防衛地域に含め、施政権返還の一歩にする方針を示した。だが米比、米韓、米台との防衛条約の共同防衛地域である沖縄を安保条約に含めると、日本が戦争に巻き込まれる危険があるとして、結局沖縄はその枠組みから外された。

このような中で、60年4月28日、県祖国復帰協議会（復帰協）が発足。結成時には、復帰実現に向けた体制構築と共に「（講和）条約第3条の撤廃

沖縄県祖国復帰協議会結成大会（1960年４月28日）

または権利を放棄させよう」とのスローガンが掲げられた。

また翌61年の祖国復帰県民総決起大会（復帰協主催）では、「県民にとって屈辱の日、忘れることのできない１９６０年４月28日に祖国復帰協議会を結成し、この願望（復帰）を訴え続けてきた」とする大会宣言が採択されている。

講和条約に対する県民の評価は、発効後の沖縄の歩みを反映し、不信へと変化した。こうして４月28日は「屈辱の日」とされ、以降の復帰運動が展開されるようになる。

沖縄国際大学の鳥山淳教授（沖縄現代史）は「沖縄戦のダメージもあり、条約発効までは沖縄社会が権利要求の強さを持てなかった。占領下に置かれ続けるかもしれないという危機感の中で条約発効を迎え、『潜在主権』という日本との繋《つな》がりが占領脱出の手がかりと考えられるようになった」と話している。

言葉と裏腹　力で支配

サンフランシスコ講和条約が発効した１９５２年４月28日は、沖縄にとって米軍の施政権下に置か

政府主催の「主権回復の日」式典で、最後に万歳三唱する参加者。壇上左端は安倍晋三首相＝2013年4月28日、東京

れ、日本との施政権が分離された「屈辱の日」とされてきた。だが日本政府は、昨年4月28日、政府主催の「主権回復の日」式典を開催。沖縄側の反発を受けた安倍晋三首相は、式辞で「沖縄が経てきた辛苦に、ただ深く思いを寄せる努力をなすべきだ」と述べた。

しかし、その言葉とは裏腹に、現在の沖縄では、多くの県民が反対する名護市辺野古沖への新基地建設が強行されている。沖縄にとっての講和条約の意味は、今日どのように捉え返されるべきなのだろうか。

「辺野古から見えることは、結局、政府が沖縄の辛苦を終わらせるつもりはないということだ」

沖縄国際大学の鳥山淳教授（沖縄現代史）は、今年は実施されなかった式典のあり方などから、安倍政権のパフォーマンス的な意味が強いと指摘する。同時に、講和条約と時を同じくして、日米安全保障条約が調印されたことなどを踏まえ、軍事力による支配の論理が現在まで沖縄で継続していると説明。

沖縄への基地の固定化と同時に、日米両政府が共に戦争責任を問われないような構造があるとして「沖縄の戦争体験から出発することが、政府の戦後責任の免責を問いただすことにつながる。沖縄が当事者と

新基地建設に抗議の声を上げる集会参加者＝8月23日、名護市辺野古キャンプ・シュワブゲート前

してこれまで政府に訴えてきた戦後補償の問題は、アジアの戦争体験ともつながる視点を持つもの」と指摘。

沖縄戦の認識をアジア的な文脈を踏まえて捉え返す必要性を強調する。

かつて、沖縄開発庁の山中貞則初代長官は、沖縄関係法案の趣旨を「日本国民と政府は、長年にわたる忍耐と苦難の歴史の中で生き抜いた沖縄県民の心情に深く思いをいたし『償いの心』を持ってあたる」（71年、第67回臨時国会＝沖縄国会）と説明。沖縄戦や施政権分離の「苦難」を、沖縄だけでなく日本全体で共有する姿勢を示した。「今回の政府式典は、このような共通認識を拒否し、国家統合の原理を転換する意味を持っている」

琉球大学の島袋純教授（政治学）は、安倍政権が、現行憲法が求める立憲主義の国家統合を破壊していると指摘。国民一人一人が主権者である国家ではなく、戦前型の、天皇制に基づく家族国家的なものに変えようとする意図が、式典に表れているとする。

その上で、このような国家統合の転換に対抗するには、「屈辱」という言葉や、同じ日本人として権利を認めてくれ―ということでは不可能だと強調。「自らの基本的権利を『権利章典』として確立し、沖縄の人々が主権を含む自己決定権を持つことを国内外に主張することが必要だ」と話している。

（この項、与儀武秀）

1956年　島ぐるみ闘争おこる

島ぐるみ闘争

米支配　怒りの総反撃

「公民館の暗い明かりの下にたくさんの住民が集まり、集会は熱気でムンムンしていた。みんなの怒りが、高校生の私にもひしひしと伝わってきた」。琉球大学の比屋根照夫名誉教授は、コザ高校2年生の時に起こった「島ぐるみ闘争」の一場面をこう回想する。基地の街コザでは、米軍関係者による事件、事故が多発。通学路で同級生が飲酒運転の米軍車両にはねられて亡くなったり、同級生の姉が暴行・殺害される事件もあった。

1956年6月25日、1人でバスに乗り、那覇高校の運動場を10万人が埋め尽くした住民大会に参加した。「とにかくコザでは、沖縄の人間がいじめられていたんですよ。その悔しさの頂点に、島ぐるみ闘争はあった」

米軍基地として奪われた土地に関する権利を守るために闘った1950年代後半の「島ぐるみ闘争」は、沖縄住民が戦後史に「はじめて、その巨大な姿を地平にあらわした」（新崎盛暉沖縄大学元学長）

軍用地料の一括払いを促す「プライス勧告」に反対し県民が立ち上がった住民大会には、那覇とコザの両会場に計15万人が結集した＝1956年6月25日、那覇高校

とされた運動だ。新崎氏は「島ぐるみ闘争の大きな特色は、単なる土地闘争ではなく、過去10年間の米軍事支配に対する総反撃としての性格をもっていた。暗黒時代に抑圧されていた人民のさまざまな怒りを吸収することによって、島ぐるみ闘争たりえた」と述べる。

軍用地料の一括払いを認めた「プライス勧告」に反対し、「土地を守る4原則」の貫徹を求めて全64市町村のうち56市町村で一斉に開かれた56年6月20日の市町村住民大会。那覇で10万人、コザで5万人を集めた同25日の第2回住民大会のうねり。政治的指導者も含んだまさに「島ぐるみ」で展開され、米国民政府に大きな衝撃を与えた。

沖縄戦後、米軍は住民を収容所に収容している間、戦闘で建物も境界線も消された土地を軍用地として囲い込んだ。故郷に帰れない住民たちは、住み慣れぬ土地への移住を強いられた。

サンフランシスコ講和条約が発効すると、米国民政府は土地使用を合法化するため布令を公布。しかし契約期間が20年という長期におよび、1坪の年間借地料はコーラ1本代にもならないと言われる契約を結ぶ地主はほとんどいなかった。53年、米国民政府は土地収用令を公布。伊江島や宜野湾伊佐浜で銃剣で住民を脅し、ブルドー

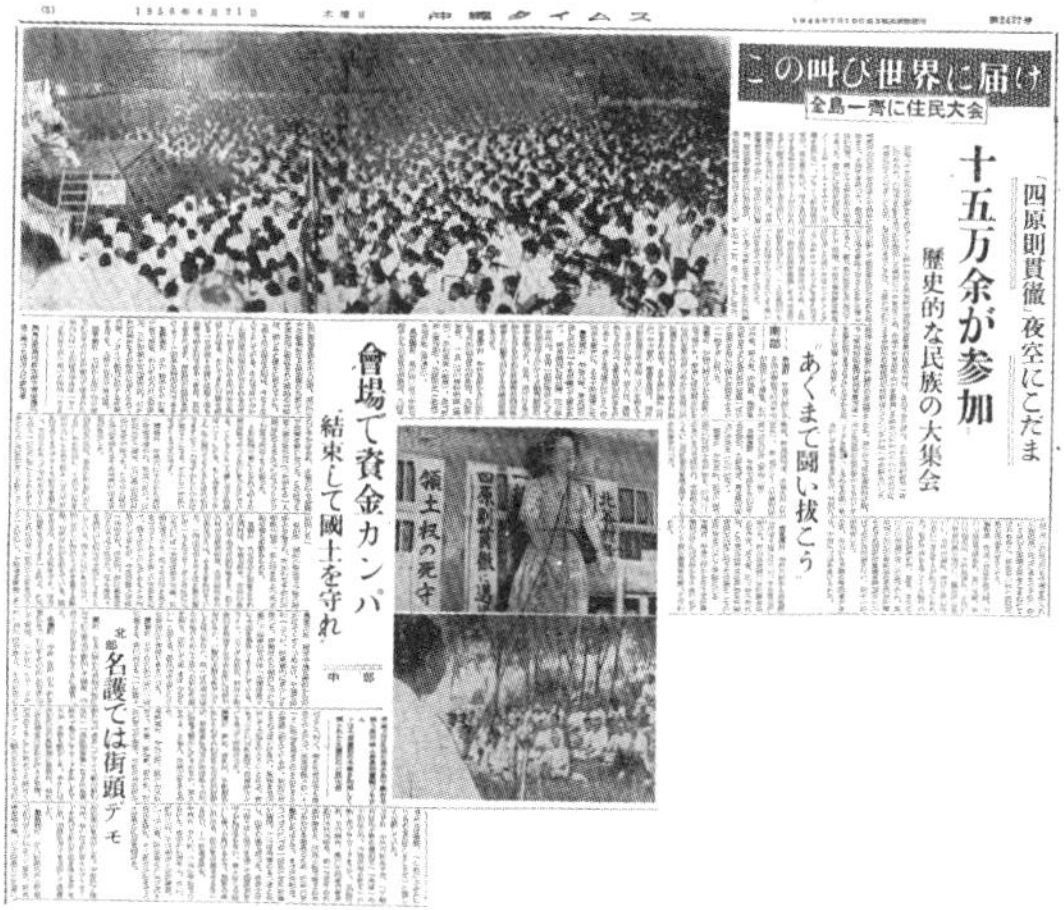
沖縄タイムス

この叫び世界に届け
全島一斉に住民大会
十五万余が参加
歴史的な民族の大集会
「四原則貫徹」夜空にこだま
あくまで闘い抜こう
會場で資金カンパ
結束して國土を守れ
名護では街頭デモ
中部

56市町村で一斉に開かれた全島住民大会を報じる1956年6月21日付の「沖縄タイムス」

ザーで家ごと土地を敷きならすような強権的な土地接収が行われ、住民の激しい抵抗運動が起きた。

さらに米国民政府は54年、軍用地の使用料を一括払いにする方針を打ち出した。無期限使用をもくろんだこの方針に立法院は反発。①一括払い反対②適正補償③損害賠償④新規接収反対―を盛り込んだ「土地を守る4原則」を主張した。

琉球政府は55年5月、代表団をワシントンに派遣、4原則を直接米政府に訴えた。これを受けて米下院はプライス議員を団長とする調査団を沖縄に送ったが、56年6月に出された「プライス勧告」は、沖縄住民の要望は入れられず、一括払いと新規の土地接収を認めるものだった。

沖縄住民の怒りは急速に増幅。56市町村で一斉に住民大会が開かれたのは、勧告が報道された6月9日からわずか11日後の20日だった。行政主席、立法院、市町村議会、軍用地連合会、行政府が「総辞職断行」を掲げて抗議したり、代表団を派遣して東京で訴えるなど、あらゆる形で沖縄住民の抵抗の意思が表出した。

米側は商業地域への立ち入り禁止による経済制裁や、「第2次琉大事件」を引き起こした言論弾圧など、島ぐるみ闘争の分断に乗り出した。沖縄住民は強大な権力による激しい弾圧に直面し、挫折を含みながら、抵抗運動という経験の土台を積んでいった。

一括払いを認めて住民の批判を受けながら主席に就任した当間重剛の後任の那覇市長に、「反米」とされた瀬長亀次郎が当選。翌57年に米国民政府が瀬長市長を追放した後も、同じ党派の兼次佐一が選ばれたことは米国に大きな衝撃を与え、「一括払い」方針の放棄へとつながる。

新崎氏は「四原則貫徹という目標は達成できなかったものの、沖縄の民衆の力で状況を大きく切り開いていった島ぐるみ闘争は大きな意味を持つ。島ぐるみを経験したことで確実に潮位が高まり、その後の民衆闘争につながっていった」と評価する。

変化した住民意思

1950年代の島ぐるみ闘争の過程で、米軍は久志村（当時）辺野古一帯の土地を軍用地として新規に接収した。キャンプ・シュワブとなったその土地が半世紀たった今、新たな「島ぐるみ」闘争の舞台の一つになっている。

「辺野古強行を止めさせ、未来を私たちのものとするために、沖縄の心をひとつにし、島ぐるみの再結集を、全沖縄県民に呼び掛けます」。

2014年7月27日に開かれた「沖縄建白書を実現し未来を拓《ひら》く島ぐるみ会議」の結成大会のアピール文。日米両政府による沖縄への新基地建設に反対の意思を示した同大会には、会場に入っただけでも2千人の人が集まった。

「島ぐるみ会議」結成大会で、建白書の実現を目指して気勢を上げる参加者＝7月27日、宜野湾市民会館

「（私たちが）基本的権利を守るため島ぐるみで米軍支配に対して闘いを始めた」50年代の島ぐるみ闘争から継続するもの、という明確な意識がそこにはある。

同会議の事務局を務める琉球大学の島袋純教授は「45年以来、米国によって分断され続けた沖縄社会が、伊江島と伊佐浜の人権侵害の痛みを共有し、沖縄社会が戦後再結成されていく」と、50年代の島ぐるみ闘争が、〝権利の主体〟としての沖縄を形作っていったと見る。

沖縄住民の反対を聞き入れない形で強行したオスプレイ配備、高江、辺野古の新基地建設など、「露骨な権利侵害」が進む中で、島ぐるみ闘争の経験が思い出されてきているという。

ただ、「異民族支配」の現状を打開するために「祖国復帰」という選択肢を想定した50年代と現在では、「島ぐるみ」の方向性は違っている。米軍基地の負担解消は「祖国」に頼っても解決にならないと、日本政府がメッセージを送っているからだ。

沖縄国際大学の鳥山淳教授は「50年代の島ぐるみ闘争は、それまで米国に協力することで現状を打開できるのではないかという期待が、協力しても何も変わらないということに気付いた転機」と解説する。

戦後、沖縄と政策的に関わりのなかった日本政府が、西表島の開発計画や軍用地主への見舞金などの政策を打ち出し、現状打開への期待は日本政府に寄せられることになる。その期待が、その後の復帰運動へとつながっていった。

そして現在、復帰後42年たっても解決されていない米軍基地問題により、日本政府への期待は失望へと変化してきている。

島山教授は、稲嶺恵一知事と岸本建男名護市長が受け入れた普天間代替基地の沖合案を、日米両政府が沿岸案に変更した2005年が、現在の「島ぐるみ」の起点となっていると見る。賛否両論あったとはいえ、沖縄側が自分たちで決めたことだった。それが〝用なし〟とされてしまった。

「かつて辺野古基地建設容認だった人たちが、島ぐるみの動きに軸足を移しているのはなぜか、どの時点で変化したのか、考えたい」と話す。

また、50年代の島ぐるみ闘争とのもう一つの違いが、沖縄住民が自己決定権を持っているという自覚だと、島袋教授は指摘する。「今の沖縄は、自分自身に自己決定権がある、主権を持ちうる権利があるということを全面に出している」

国際人権規約、人種差別撤廃条約、先住民族の権利に関する国際連合宣言などが登場し、「世界的な人権法のレベルが変わった」と話す。「人類の普遍的な共通理解に基づいて」沖縄が権利を求める根拠が固まってきたとする。

「今後重要なのは、人民としての自己決定権が〝ある〟のではなく自分自身が〝持つ〟という、沖縄の意思だ」と持論を展開する。

戦後、米国、日本双方への期待と失望を繰り返してきた沖縄住民。どこにも頼ることなく、自分で考える覚悟が、そこかしこで芽生えている。

（この項、城間有）

復帰への道

1960年　沖縄県祖国復帰抗議会結成

日の丸　抵抗の意思表示

敗戦後、日本から分離され、米軍の占領下に置かれた沖縄や奄美では、再び日本への帰属を求める民衆的な要求「復帰運動」が、大きな社会的うねりになっていく。最も早いものでは敗戦直後からあった日本への復帰を求める声は、次第に民衆的な運動に変わり、20年余りの長期間にわたって展開された。その要求は、当時の沖縄が置かれた状況を反映しながら、その内実を変化させていく。

敗戦直後の沖縄では、戦前の日本の軍国主義や差別的な姿勢に対する反発などから日本に対する不信感が強く、民主主義国家の米国を好意的に捉える見方が主だった。元首里市長の仲吉良光ら、戦前からの指導者は「日本本土同胞と血の繋がりがある」（1946年10月、復帰請願書）などとして日本への復帰を主張したが、訴えは一部の知識人に止まり、民衆的な賛同を得るには至らなかった。

だが、冷戦体制下で軍事拠点化が始まった沖縄とは対称的に、日本では戦後復興と民主的な改革が進んでいく。

６万人が参加して那覇市で開かれた復帰協主催の４・28 祖国復帰要求県民総決起大会＝ 1961 年４月 28 日

50年に、日本の独立後も、琉球諸島が実質的な米軍政下に置かれる見通しが報じられると、次第に人々の間で「日本復帰」が主張されるようになる。51年には、沖縄群島議会の要請決議のほか、日本復帰促進期成会が結成され、歴史、地理、文化などの民族的一体感を基調に、復帰を求める動きが公になった。

元沖教組委員長の石川元平氏は「復帰運動の当初は沖縄戦時の経験から『米軍の占領は我慢ならないが旧日本軍よりはましだ』との声もあり、戦後日本は平和憲法を持つ民主的な国に変わったと説明した。理解を得るのに苦労した」と当時を振り返る。

大きく広がった復帰要求に対し、日米両政府はこれを無視して、52年４月の講和条約発効で日本と沖縄・奄美を分離。53年12月には奄美が日本に返還されたが、沖縄の施政権は引き続き米国が保持する。条約発効後の沖縄では、軍用地の強制接収が本格化し、軍人による事件事故などの人権侵害が相次いだ。

このような中で、60年４月には、その後の運動の中心となる県祖国復帰協議会（復帰協）が発足。「布令布告の撤廃および日本の諸法規の適用促進」「主席公選の推進」「国会への沖縄代表

糸満市内を通過する東京オリンピックの聖火。沿道では当時の復帰運動を象徴する日の丸が振られた＝1964年9月8日

参加」などの要求を掲げ、復帰運動を展開するようになる。

こうして、敗戦直後から60年の復帰協結成までの復帰運動は、戦前からの一部の指導者によってなされたものから、民族的な一体感の強調を経て、政治的、実利的な要求へと、次第にその内実を変化させていった。

この時期の復帰運動で特徴的なのは、初期には「日本復帰」とされた呼称が、50～60年代にかけて「祖国復帰」とされ、日本と沖縄との一体化が強調されるようになった点だ。基地の拡張政策や人権侵害が露骨になると、沖縄では米国に対する心情が悪化し「異民族統治」に対する批判が高まった。このような中で、日本の沖縄に対する「潜在主権」は、占領状態を改善する重要な契機と考えられた。

国籍が「日本」である沖縄住民に対して、暫定的に施政権を保持している米国。統治政策への権利主張は、沖縄が「日本人」であることを強調し、法律や社会保障制度、経済的待遇などを日本並みにするよう求める声になった。同時に、復帰協の中心的存在の教職員会では「国民意識高揚のための宣伝教育」として、教育現場で「共通語」「日の丸」「君が代」を強く励行・奨励するようになる。

県文化振興会の豊見山和美公文書主任専門員は「戦後、米国民政府が規制していた沖縄での日の丸の掲揚が徐々に認められ、最も大々的に日の丸が振られたのは、64年の東京オリンピック聖火リレーの時だった」と指摘。「異民族支配の下、日の丸は占領の抑圧からの抵抗の意思表示となった。オリンピックの祝賀ムードの中で、沖縄戦時の暗い歴史が浄化されるような民族的な一体感が醸し出された」と話している。

ゼネスト挫折　返還加速

復帰運動は1960年以降、同年4月に発足した県祖国復帰協議会（復帰協）を中心に運動が展開された。民族的な一体感を強調し、法律、賃金、社会保障制度などについて日本との政治・経済的な格差是正を求めた要求は、幅広い民衆的な広がりを持った。そして60年代後半になるとその声は、ベトナム戦争の激化などに伴い、次第に基地撤去などの要求を盛り込んだ「反戦復帰」へと訴えの内容を変化させていく。

東西冷戦の国際的な緊張状態の下、60年の日米安保条約改定に伴い、米国は基地機能の重要性を強調し、沖縄保有の継続を明確にしていた。

このような中、復帰協は沖縄教職員会、県青年団協議会、沖縄官公庁労働組合協議会の3組織を世

2・4ゼネスト直前、B52撤去と原潜寄港阻止を政府に要請するために東京へ出発する「いのちを守る県民共闘」の代表＝1969年1月26日、那覇空港

話役団体として発足。沖縄の日本への復帰を実現するため、個人、団体の意向を広く集約し、内外にアピールするため活動した。

発足時には、国連や日本政府への働きかけ、日本と沖縄との連帯強化、交流発展などの活動方針を採択。「沖縄が日本の領土であり、沖縄県民が日本国民である以上、日本政府はその権利の擁護と最低生活の保障について責任をもつ」（60年「活動方針」）として、教育、社会保障、国土開発について他府県同様の財政支出のほか、日本の憲法や法律の沖縄への適用、日本への政治参加などを求めた。

「60年当時は、貧しい財政で日本国憲法や教育基本法も適用されていなかった。沖縄と本土の格差が目に見えて大きく、民族主義的に日本並みの条件整備を求めた。最初は反基地の要求は無かった」

復帰運動に関わった石川元平元沖教組委員長は、復帰協が結成された60年以降の復帰運動の変化を、自身の経験を踏まえて振り返る。

60年代後半になるとベトナム戦争の激化と並行して、沖縄の米軍基地は出撃の前線基地となり、米兵による犯罪も多発。このような状況で、復帰要求は、日本と同等の政治的、経済的な権利を求める運動から、反戦平和の訴えを含む運動へと変化した。67年3月の復帰協第12回定期大

B52墜落後、生命を守る県民共闘会議が発足。4万人の抗議デモを尻目に爆音をたてて発進するB52＝1969年2月4日、嘉手納基地

会では「講和条約第3条の撤廃」「日本国憲法の適用」とともに、初めて「原水爆基地撤去、軍事基地反対」との基本目標が掲げられた。

石川氏は「60年代後半はベトナム反戦と復帰要求が合体し、運動が大きなエネルギーを持った。当時はアジア・アフリカの会議で沖縄代表が発言し、国連に影響を与えるという動きもあったが、ベトナム戦争を契機に、復帰運動も単なる日本への要求を超え、国際連帯的な反基地運動に発展した」と話す。

このような中、反戦復帰運動は68年11月、嘉手納基地での米軍爆撃機の墜落事故を契機とした「B52撤去闘争」に結びついた。

同時期は、67年11月の佐藤・ジョンソン会談で、沖縄の基地を現状維持のまま返還する方針が示され、県民の不満が高まっていた。これに追い打ちをかける墜落事故で抗議の声はピークに達し、B52撤去、原潜寄港阻止を求め、かつてない大規模なゼネラルストライキ（2・4ゼネスト）の計画が持ち上がった。

だが「不測の事態」を懸念した屋良朝苗主席の要請や米軍の

圧力に危機感を持った全軍労の離脱などにより、結局計画は中止。以降、日米両政府による施政権返還の動きが加速していく。

独協大学の平良好利特任助手は「復帰運動が盛り上がっていく流れと、その運動に基地問題が付与されていく流れの二つがＢ52墜落事故によって重なった。その瞬間『生命《いのち》を守る』という一点で皆がまとまった。だが、２・４ゼネストは結局のところ沖縄側の『弱さ』を見せつける形で挫折した」と指摘。「真の意味で総括できなければ、同じ過ちをまた繰り返す。大事なことは、このゼネスト挫折から何を学ぶか。いまこそ過去を見つめ直し、その過去を乗り越えていかなければならない」と話している。

（この項、与儀武秀）

1970年　「新沖縄文学」が反復帰論を特集

反復帰論のいま

思想的自立うながす

米国による軍事基地としての支配のもとで人権を踏みにじられていた沖縄住民が、平和憲法を持つ日本への復帰を求め、祖国復帰運動を闘っていた1969年。日本の佐藤栄作首相と米国のニクソン大統領が沖縄の日本への返還について共同声明を発表。しかし、日米安保体制下の沖縄の軍事的機能を認めたことに、復帰によって軍事基地の負担が減ると期待していた沖縄住民は失望した。

「佐藤・ニクソン共同声明で合意された復帰は、（日本による沖縄の）再併合だった」と、ジャーナリストの新川明氏は振り返る。

それまで沖縄住民の抵抗運動を担った復帰運動が、日米両政府の国家の論理に巻き込まれ、すり替えられていく。その流れをどう断ち切り、沖縄の主体的な運動を取り戻すか。復帰運動を支えていた「母なる祖国」へ帰るという日本同化志向への批判的視点が登場する。沖縄の思想的自立を促す「反復帰論」だ。

特集・反復帰論
声の中の声……知念栄喜
文化創造力の回復……大城立裕
非日本人的日本人として、、、、……珊瑚太郎
〈復帰〉思想の葬送……新川明
沖縄の遺書……仲宗根勇
■「新沖縄文学」に登場した詩人たちへの試論　その5
幻視者のなかのエロス
〈岡本定勝について〉……大湾雅常
文学と私〈連載12回〉……宮城聰
沖縄の反体制運動研究覚え書き　大田昌秀
特集・沖縄現代詩人選集
■勝連敏男集
■仲地裕子集
■山口恒治集
選評〈18号〉

反復帰論が特集された新沖縄文学 1970 年 18 号の目次

70年、復帰前の沖縄に特別措置法を敷き実施した衆院議員選挙を、日米両政府に都合のいい形での復帰に対し沖縄住民の合意を得ようとするものとして批判した国政参加拒否闘争は、反復帰論が生まれるきっかけとなった。「国政参加の主張は権利回復の要求」という流れに逆らうように同闘争を呼び掛けた当時沖縄タイムス記者の新川氏と川満信一氏、裁判所職員だった仲宗根勇氏、琉球大学教員だった岡本恵徳氏が加わり、反復帰論を展開していった。

反復帰論の代表的存在ともいえる新川氏は「母なる祖国、平和憲法下の日本という幻想」に支えられた復帰思想を批判。「日本志向の復帰思想をもってしては、沖縄における思想的の自立はあり得ない」（「『非国民』の思想と論理」１９７０年）と述べる。

日本と沖縄の異質性を強調し、その差異を拠点に日本という国家を徹底的に相対化していった。そして「『反復帰』とは、すなわち個の位相で〈国家〉への合一化を、あくまで拒否しつづける精神志向と言いかえて差しつかえはない。さらに言葉をかえていえば、反復帰すなわち反国家であり、反国民志向である。非国民として自己を位置づけてやまない自らの内に向けたマニフェストである」（「〈反国家の兇区〉としての沖縄」）と宣言する。

反復帰論は一つの思想であり、「反復帰運動」ではなかったが、復帰

国政参加投票ボイコットを呼び掛ける労働者や学生たち＝1970年9月15日、那覇市内

運動にまい進する沖縄社会にあっては異端視され、復帰を阻害するものとして時に激しい非難を浴びた。

一方で、反復帰論は、日米両政府によって復帰運動がすり替えられていく過程で思考した若い世代に参照されることとなる。当時大学生だった仲里効氏（映像批評家）は「復帰とは違う新しい思想を模索し、悩んでいた世代に、反復帰論は喚起力をもって訴えてきた」と回想する。

「反復帰論」という呼称で一くくりにとらえられてきた論の数々は「国家としての日本への合一化を拒む」という目標は共有しながら、それぞれ異なる思想として深められていく。そうしてそれぞれが沖縄の深層で流れ続け、現代に湧出することとなる。

反復帰論を唱えた一人、川満氏は、新川氏の前掲の論考と同じ「『非国民』の思想」を題に掲げ、「〈日本と沖縄の異質性を強調する〉その視点の先には沖縄内部の支配も、個人と国家共同体の原理的関係も見えてこない」「〈異質性〉を生きることが、はたして支配思想の廃滅にいきつくまで裁くものとしての位置を確保し得るか、という問いに追い立てられるとき、〈異質性〉に依拠する論理の限界が見えてくる」（「沖縄―〈非国民〉の思想」・「映画批評」1971年7月）と述べる。

新川氏が「日本と沖縄との異質性」を、沖縄自立のエネルギーにしたのに対し、川満氏は「異質性」を強調することで沖縄内部の支配／被支配が見えなくなることを危惧し、近代の国民国家を超える形を想像していく。

そして双方の思想は、近年、琉球民族独立総合研究学会が設立され、「独立」の軸が強調される中で、明らかな違いを標榜《ひょうぼう》して若い世代にとらえられ、それぞれ立ち上がっていく。

二手に分かれた自立論

新川明氏、川満信一氏、仲宗根勇氏が始めた国政参加拒否闘争。そこから始まった反復帰論は、岡本恵徳氏が加わり展開していく。

1995年、米兵による暴行事件で噴出した基地負担への怒り。沖縄の日本「復帰」から20年以上たっても変わらぬ植民地的な状況下で、沖縄にとって日本とは何かが問い返され、70年代の反復帰論への関心が高まっていった。

反復帰論で同じく「非国民」としての自覚を表明した新川氏と川満氏だが、現代になって新川氏の思想はいまだ残る日本志向を断ち切り、植民地的支配から脱却するという主張として、川満氏の思想は国境が生む矛盾や権力関係が発生する根源としての国家を否定し、アジアへ開くものとしてとらえられていく。

そして2013年、若い研究者が中心となり「琉球民族独立総合研究学会」が設立されると、新川氏自身が「画期的なこととしてその活動に期待している」という態度を表明。琉球大学の新城郁夫教授が、川満氏の論を引いて独立学会を批判したことに、反論を展開していく。

新城教授は、13年に沖縄で開かれた「東アジア批判的雑誌会議」で、川満氏が作成した「琉球共和社会憲法C私（試）案」を「沖縄独立論の多くに内在される建国的ヴィジョンを退け、国家内部の亀裂から生み出される人間のネットワークを構想した」と、ナショナリズムを退けた社会構想であると評価。独立学会に「過去投影的な沖縄ナショナリズムを動力とする独立構想の危険性」がないかと危惧した。

新城教授の独立学会批判を受け新川氏は「植民地支配下にある人間集団（民族）が、自らの人間的な解放を求める反植民地運動（闘争）」が「ナショナリズムを起爆剤として始動する」のは「歴史的事実」と返した（「うるまネシア」第16号）。

新城教授は「生存権の更新とその実践の場たる沖縄の変革のためには、琉球民族主体の国家独立という選択は、真っ先に排除されるべきと考える」（「けーし風」第80号）と反論。「歴史的政治的に見て、ナショナリズムは、その起爆性において当の民族にさえ制御不可能な暴力となる」と、同一集団のマイノリティーへと視線を向けていく。

新川氏は「（独立学会が）民族概念の曖昧さも含めて検討すべき課題を抱えているのは当然のことであって、私はこれを封殺するのではなくて、足りないところは補い、育て上げるために自分のできる範囲で手助けをしたい」（「うるまネシア」第16号）とした。

新川明氏と新城郁夫氏が論争を展開している「うるまネシア」と「けーし風」

新川氏に同調した若い世代からも新城氏への批判が飛ぶ。

独立学会共同代表の松島泰勝龍谷大学教授は、新城氏の論を「観念的な無政府主義」と批判した上で「そのような思想的営為は、琉球が日本の植民地であるという現実を少しも変えるものではない。日本国から分離独立することが琉球の脱植民地化、脱軍事基地化の最も有効な手段の一つ」（「同」第17号）とした。

新川―新城論争には、「独立派」「越境・東アジア派」とも呼称できる、近年の沖縄における二つの思想の対立が現れているといえる。「独立派」には、国同士の争いへと発展した19・20世紀型の国民国家の矛盾をどう解くかが問いかけられ、「越境・東アジア派」へはかつて経験したことのない社会の実現性への疑問が投げられる。

しかし、論争の元となっている新川氏と川満氏の思想は、究極的な目標と課題を共有しているといえる。

新川氏は、前掲「うるまネシア」17号で、川満氏の琉球共和社会憲法が「地球規模における国家の揚棄」を目指す時の「指標」となり得るとした上で『琉球独立』への取り組みは『独立』をもって完結させるのではなく、『指標』へ向う一つのステップとして位置づけ、『指標』とする新たなステップへすすむ構想力こそが問われている」と述べ、川満氏への批判を含みながら、その描く社会へとつながる可能性を示唆する。

また、筆者のインタビューに新川氏は「独立後の新しい形は、これまでの国民国家の形を守ることで完結したら意味がない」と述べ「独立は簡単ではないが、復帰によって置かれている現状を打破する手段は他にない。今は日本国のくびきを断ち切ることだ」と答えた。

沖縄が自立した後の形や、自立までの道筋、それらのビジョンを支える思想は多様にある。互いの考えを受け止めつつ批判し、考えを深め、実践していく。自立・独立論が高揚している今だからこそ必要な姿勢だろう。

映像批評家の仲里効氏は「新川—新城論争には先端的な対立が現れているが、その両極さえも超える第三極、国民国家ではない独立を発明していくというもうひとつの視座があってもいい」と提起する。

（この項、城間有）

再び日本へ

1972年　日本復帰

基地なし復帰実らず

敗戦後、沖縄に対する施政権を保持していた米国は1972年、日本に施政権を返還し、沖縄は再び日本の一部となった。苛烈な米軍統治を経験した沖縄は、次第に要求を変化させながら「平和憲法」「基地撤去」を求めて日本への「復帰」を志向した。だが、日米両政府は沖縄の基地負担を維持したまま施政権返還を強行。祝賀と落胆で県内の反応は割れた。

「琉球政府を解散し、ここに沖縄県が発足したことを高らかに宣言します」

72年5月15日午前0時を期に、米国は27年間暫定的に保持していた沖縄への施政権を日本側に返還した。

同日午前、那覇市民会館で開催された「新沖縄県発足式典」では、厳粛な雰囲気の中、初代県知事となった屋良朝苗氏が「この日を歴史に銘記されるべき転機の日ととらえ、県民一丸となって新生沖縄県建設に力を貸していただきたい」と式辞を述べた。

那覇市民会館と東京の日本武道館とをテレビで結んで開催された新沖縄県発足式典＝1972年5月15日、那覇市民会館

だが同日午後、式典会場と隣り合わせの与儀公園では、土砂降りの中で労働者や学生、市民など約1万人が参加し日米両政府に対する抗議集会を開催。「新たな沖縄処分に反対」「県民が求める完全復帰を勝ち取ろう」と気勢を上げた。

県民がそれまで強く望んでいた日本への沖縄返還の日に生じた相反する反応は、返還に対する沖縄側の複雑な心情を表していた。

米国から日本への沖縄の施政権返還に対し、県内で反発が強まった背景には、一般住民の意向とは異なった形で、沖縄返還が枠付けられたことが要因にある。

日米両政府は67年11月、佐藤・ジョンソン会談で、沖縄の米軍基地を現状維持のまま施政権を返還する方針を明らかにした。

だが、この発表後の翌68年5月、沖縄で行われた復帰研究会の世論調査では、「基地を含めた施政権返還の方法」との設問に「本土と同じような基地」（40・1％）との答えが最も多く、2番目に多かった「基地を全部とりはらって」（35・

県民の要求を無視した沖縄返還に反発する復帰協主催の抗議集会の参加者。大雨の中、約１万人が詰め掛けた＝ 1972 年５月 15 日、那覇市・与儀公園

0％）と合わせて、全体の約4分の3を占めた。一方、基地の「自由使用」を容認するとした答えは約1割にとどまった。

さらに69年11月の佐藤・ニクソン会談以降、日米の返還日程が規定化。沖縄住民が望んだ基地負担軽減の訴えは、基地は現状維持のままで、施政権返還を受け入れるか否かの二者択一に取って代わられた。県内世論は、あくまで基地撤去を求め沖縄返還に反対するか、まず返還を優先させて苛烈な米国支配から脱するかで意見が交錯する。

沖縄返還について、対外問題研究会の宮里政玄顧問は、65年に米国で各省間横断的なグループとして「琉球作業班」が設置され、日本との交渉が進められたと説明。「冷戦時代でベトナム戦争の前線基地でもある沖縄の基地を撤去する考えは米国にはなく、日本側が求める核撤去の条件を利用し、沖縄の基地を自由使用できるようにした」と説明する。

こうして72年には、県民が求めた「基地撤去」は実現せず、軍事力の過重な負担は担わされたまま、沖縄の施政権は日本に返還。安保体制を前提にした日米の政治的、軍事的な戦略が優先された。

返還に強く反発し「基地撤去、安保廃棄、佐藤内閣打倒」などを訴えた復帰協は、総括的な議論や以降の積極的な運動をけん引できず、77年に解散。課題とされた過重な基地負担はいまだ解決されないまま、今日まで沖縄の住民生活を脅かし続けている。

復帰運動に関わった石川元平元沖教組委員長は、屋良朝苗初代沖縄県知事が「勝ち取った復帰だったが、県民の求めた復帰にはならなかった」と話していたことを今でも鮮明に覚えている。「組織の責任者である私は『復帰の中身を勝ち取るのは君たちの重要な責務だ』という言葉を聞かされた。沖縄はこれまで日本の捨て石にされてきた。県民が求めた『復帰』は、まだ実現していない」と振り返る。


（この項、与儀武秀）

第4部　復帰後編

本土化と危機感／沖縄国際海洋博覧会／金武湾CTS阻止闘争／首里城復元／沖縄文化のポップ化

本土化と危機感

自然と文化喪失を警戒

「巨大資本による土地の買いあさりと乱開発が行われ、復帰後の沖縄に猛進撃している。放置すれば沖縄の壊滅が懸念される」―。

復帰翌年の1973年7月16日。県内のジャーナリストや研究者、文化関係者が超党派で組織した「沖縄の文化と自然を守る十人委員会」（豊平良顕座長）は、県内自治体や各企業に、自然環境や文化財保護、乱開発の未然防止を求める異例の「要望書」を、那覇市内で開いた会見で発表した。

要望書では、沖縄を守るために高度な工業化、機械化を警戒し、環境破壊を自戒する「島ぐるみの態勢が最大に望まれる」と県民世論の喚起を呼び掛けた。

指摘の裏には、復帰後の大規模な資本投下で、社会の姿が急速に変化することへの強い懸念があった。

復帰時の那覇市の中心街。国際通りや久茂地川沿いでも開発が加速し、大型店舗の建設が進められた＝1972年5月14日

沖縄戦で社会基盤が壊滅した戦後沖縄は、米国の占領統治下に置かれ、冷戦体制の下で軍事拠点化が進められる。米側の救済資金による戦災復興も進められたが、基本的に優先されたのは基地建設とその拠点化だった。

非武装化と輸出産業の発展で高度成長を遂げた日本とは異なり、沖縄の戦後復興は立ち遅れた。72年に復帰し日本の1県となった沖縄だが、社会資本整備や所得水準などで、本土との格差が浮き彫りになる。

琉球大学非常勤講師の宮田裕氏は「日本政府が敗戦以降、米軍から経済負担を求められる62年までの17年間、沖縄に対する財政援助をしなかったことが沖縄の復興が遅れた大きな原因」と指摘。日本の施政権が及ばなかったことで「日本の国内法が適用されず、全国総合開発計画などの産業政策から除外された」と説明する。

復帰後の沖縄と本土との格差是正のため、政府は72年から10年間の沖縄振興開発計画（1次振計）を策定。事業費として約1兆2400億円（1次分）を投入し、道路や港湾、ダムを整備し、それに伴う民間経済の誘発を意図した。だがその施策は、大規模な社会基盤の整備とともに、沖縄がそれまで経験したことのない急速な社会や自然環境の変化をもたらす。

当時の新聞紙面では、土地買い占めや乱開発による自然破壊、文化財や拝所の消失などが記事化され、急激な変貌を遂げる沖縄の姿が取り上げられている。

「沖縄の文化と自然を守る十人委員会」の豊平座長は「沖縄の伝統精神の母体である歴史、文化、自然環境の喪失が沖縄の思想喪失となる。（中略）文化と自然優先の抜本的な対策が確立され、沖縄崩壊の進行を早急に阻止すべきだ」（編著『沖縄喪失の危機』序文、75年）と強調。

復帰後の未曽有の開発で、沖縄が固有の自然と文化を見失うことに対する、強い危機感を表明した。

振興策　償いから基地の見返りへ

「日本国民および政府は多年にわたる忍耐と苦難の中で生き抜いてこられた沖縄県民の方々の心情に深く思いをいたし、県民への『償いの心』をもって事に当たるべきである」

沖縄開発庁（当時）の山中貞則初代長官は1971年の第67回臨時国会（沖縄国会）で、沖縄関係法案の趣旨を説明した。沖縄戦の犠牲や日本の施政権外に置かれた歴史に触れ「新しい沖縄の伸長、発展に取り組む」と決意を話すと、議場からは大きな拍手が起こった。

復帰後の沖縄と本土との格差是正のため、政府は沖縄振興開発特別措置法や沖縄振興開発計画をは

沖縄担当の山中貞則総務長官（当時）が復帰振興計画の視察で来沖、離島まで精力的に足を伸ばして実情把握に努めた＝1970年5月19日、那覇空港

じめとする特別措置を講じた。

関連法案の制定には、沖縄戦による社会基盤の破壊や長く日本の施政権外に置かれた歴史的背景、国内での基地負担の集中といった、沖縄の特殊事情が考慮された。中山長官が用いた「償いの心」という言葉には、当時の政府の沖縄への思いが現れている。

復帰以降の43年間、沖縄振興開発計画などで投入された沖縄関係予算は約17兆７４００億円。復帰前は「今後、沖縄の人口は減少する」との不安もささやかれたが、72年に96万人だった県人口は１４２万人（県推計・２０１４年9月1日現在）と、約46万人増加している。

失業率の高さや資金循環効果に乏しい「ザル経済」との問題点も指摘される一方、復帰前と比較して経済規模は大幅に拡大。社会基盤も着実に整備された。

だがその一方で、今日、沖縄に対する振興予算は、復帰時の特殊事情を踏まえた「償いの心」によるものから、異なる性格を帯びたものへと変化している。

10年1月の名護市長選で、新基地建設に反対する稲嶺進市長の当選を受け、防衛省は米軍再編に伴い関係自治体に支払う再編交付金の同市への支払いを一時凍結。振興予算の執行と絡めて圧力を強めた。

国は従来、基地所在市町村に対し基地内の不動産が非課税など発展の阻害要因を抱える補償として、各交付金や補助金などを支払っている。

07年に制度化された再編交付金は、再編事業への協力や負担の重さに応じた「出来高払い」の仕組みで、今日では基地受け入れの見返りと見なされ、国が基地政策を実行する際の自治体への懐柔と脅しの性格も帯びるようになった。

元沖縄総合事務局職員で琉球大学非常勤講師の宮田裕氏は、基地負担の閉塞《へいそく》感緩和策として1997年から導入された島田懇談会事業などの振興予算が、安易に「箱もの」を造って財政を圧迫。自立経済の発展につながっていないと指摘。

「普天間が政治問題化し、沖縄予算が基地とリンクするようになった。沖縄戦や米軍統治の特殊事情から、国の責任で実施していた振興事業の原点がいま問われている」と話している。

開発の波　共同体破壊

1972年に復帰した後の沖縄では、政府の振興開発計画をはじめとする大規模な資本投下で社会基盤が整備された。急速な経済開発で、自然破壊と共に、都市化による文化財の消失が大きな課題となった。中央への沖縄の系列化、一体化も進んだことで、沖縄では次第に、自らの固有性が失われることへの強い懸念が広がっていく。

国道 58 号拡張工事で破壊されかけた仲泊貝塚。学者、文化人をはじめ地域住民の間に重要性を指摘する議論が高まり保存が決まった＝ 1974 年 12 月、恩納村仲泊

本土との格差是正のため、全県規模で道路や港湾、ダムなどのインフラ整備が進められたことで、沖縄の昔ながらの村落の共同体は、復帰後に急速な近代化と開発の波をかぶった。畑や原野、海岸線は道路延長や土地造成、埋め立て工事で昔ながらの面影を失い、代わって山林破壊や自然生物の死滅、赤土の流出、公害問題などが大きな懸案になっていく。

開発による社会の変化は、自然環境だけでなく沖縄の人々のメンタリティーにも大きな影響を与える。拝所や御獄、歴史的な旧跡など、精神的なよりどころだった文化財は、土地の売買や市街化などで失われ、神事や伝統的な祭祀《さいし》も急速に衰退した。

海洋博に伴う国道58号の改良工事では、当初破壊される予定だった仲泊貝塚（恩納村）が、貴重な文化財だとして全県的な保存運動に発展。世論を受け工事計画が変更されるなど、国策や経済開発と文化財保護の間であつれきも生じた。

沖縄大学非常勤講師で地域文化を教える安里英子氏は、復帰後の73年には乱開発への懸念から、名護市で「逆格差論」（所

与那城村（当時）で計画された石油備蓄基地（CTS）建設に反対する村民大会には地元住民や近隣市町村から約2000人が参加した＝1973年10月24日

得水準ではなく自然や文化の豊かさを重視するまちづくり方針）が提唱されたと説明。他方で「海洋博やCTS（石油備蓄基地）など、各地の大規模開発で昔ながらの相互扶助的な共同体が破壊され、地域が賛否で二分された」と指摘する。

自然や文化の喪失と共に、復帰後の沖縄では、本土との組織的な系列化や制度的な一体化も進んだ。

各政党や労働組合は、それぞれの中央本部に連なる系列の組織に再編された。中央の統一的な指導や活動方針のもと、沖縄では基地問題などの全国的にも特殊な諸課題について、横断的な体制構築による取り組みが困難になっていく。

同時に72年の自衛隊沖縄移駐や78年の交通法規変更（ナナサンマル）など、制度的な一体化も進行。全国の一地方として平準化され、沖縄の固有性やアイデンティティーの喪失に対する危機感が強まった。

復帰後の沖縄市（コザ市）で育った塾講師の津覇実明氏は「沖縄に存在していた戦争の記憶や現状への不満も、復帰後は自然の風景と共に平らにされた。経済開発や画一化に伴う違和感や反発が、逆にアイデンティティーを見いだすきっかけになった」と指摘する。

（この項、与儀武秀）

1975年　沖縄国際海洋博覧会はじまる

沖縄国際海洋博覧会

失業・自然破壊　傷残す

沖縄の日本「復帰」から3年たった1975年。植樹祭（72年）、若夏国体（73年）とともに復帰記念事業として沖縄国際海洋博覧会が開かれた。全国的には「オイルショック」による世界的な混乱の波が押し寄せ、戦後最大の不況。県内では、米軍雇用員の大量解雇の嵐が吹き荒れる中、「起爆剤」としての期待を背負っての開催だった。

「海―その望ましい未来」をテーマに、36カ国が参加した同博覧会は当初、500万人の入場が見込まれた。沖縄自動車道や国道58号など、交通を中心にしたインフラ整備が進み、建設業に利益をもたらした。しかし華やかな外見とは裏腹に、海洋博にともなう倒産、失業、自然破壊の可能性は、当時から指摘されていた。

開幕前日の7月19日付「沖縄タイムス」の記事の見出しは「盛り上がらぬ海洋博／関心より警戒心増す」。開幕1カ月後の8月21日付同紙は「問題は、デメリットをいかにメリットに切り替えうるか

盛り上がらぬ海洋博

要人の来沖は相つぐが……

関心より警戒心増す

物価、風紀などに不安

地元

どっと沖縄入りするVIP

空・海港

開会式を待つ海洋博会場の夜景

開幕を翌日に控えた沖縄国際海洋博覧会について伝える1975年7月19日付の「沖縄タイムス」の記事

にかかっていた。だが、現実は〝切り替え〟が実を結ばず、デメリットのレールを突っ走った感じだ」と論じた。「デメリットのレール」は最初から敷かれていたのである。

雑誌「新沖縄文学」28号（75年）にルポを寄せた沖縄タイムスの国吉真永記者は、会場内にある祖先伝来の農地約3300平方メートルを「買いたたかれた」という女性の話を掲載。「いくら使っても減らない。泉のような財産」である農地を子孫に残そうと、会場の外に新しい土地を求めようとしても、またたく間に高騰していて買えないという苦悩を記した。また、漁場の赤土汚染や、新港が建設されるために、追い込み漁ができなくなったと嘆く漁業者、子どもを取り巻く環境が悪化したと懸念する教育者の話を掲載している。

写真家の石川真生さんも、海洋博の負の影響を告発した1人だ。雑誌「青い海」44号（75年7・8月）に、海洋博を目前に相次いだホテルの大量解雇をリポートし「私にとって、海洋博は沖縄に豊かなものをもたらす行事ではなく、沖縄の豊かさを奪っていく催しなのである」と書いた。

県外から海洋博を訪れる客は、ほとんどが大手旅行社によるパッケージツアーに囲い込まれていたため、団体客に対応できる那覇市内の大規模ホテルは稼働率が上昇したが、中小ホテルは苦境に追い

沖縄国際海洋博覧会の開会式＝1975年7月20日・本部町

込まれた。

東京の写真学校を休学して帰沖していた石川さんは、ホテルを解雇された人たちの「生活感がムンムンした」デモ行進に出合う。「これ何だ？」。労働組合の事務所に入り浸り、運動に密着しながらシャッターを切っていく。

「写真は本当にへたくそだったが、とにかくきちんと撮った。若くて家族もいない私に、おじさんおばさんの必死さが伝わってきた」。

74年に4・0％だった県内の完全失業率は、75年に5・3％に跳ね上がり、海洋博後の76年には戦後最悪の6・3％にまでなった。

「祭りの後の反動は大きかった」と、沖縄国際大学の富川盛武教授は話す。「海洋博を見込んで本土企業による土地の買い占めが起こったが、投機的なものであり、日常の生産活動や雇用を生み出すものではなかった」と分析。道路や水族館などのインフラは整備されたが「具体的なビジネスは育たず、成長のエンジンにはなり得なかった」。

大きな工事は本土のゼネコンが受注し、県内企業はその下請け、孫請けという構造は、沖縄の経済的自立を阻害する要因とも見られているが、その構造は海洋博に端を発し、深く根を張っているともいえる。

富川教授は「辺野古で新基地が着工すると、海洋博のような建設ラッシュになり、特需になるのは間違いない。しかし一過性のもので、決して沖縄の自立経済を支えるものではない」と指摘する。

海洋博を利用して経済的自立への道を歩むには、復帰間もない沖縄の力は脆弱《ぜいじゃく》だった。そしてその力を鍛える構造や自然は、失ったままになっている。

海洋博が残した課題は、これからの沖縄の「望ましい未来」を描くときの大きなカギになると言えるだろう。

（城間有）

金武湾ＣＴＳ阻止闘争

1973年　金武湾を守る会結成

埋め立てに住民反発

１９７２年前後の沖縄では社会基盤の整備や大型施設の建設が進められた。中でも建設の是非が大きな社会問題となったのは、本島中部の金武湾を埋め立てる大規模な石油備蓄基地（ＣＴＳ）の建設計画だった。公害や環境破壊を懸念する住民は、暮らしや生存権に根ざした反対運動を展開。訴えは、経済開発や国策と軌を一にした復帰の内実を問い、沖縄の地域共同体が持つ豊かさの価値に目を向けさせる契機になる。

沖縄返還交渉が進められた60年代後半、沖縄進出に関心を示していた米国の石油資本の動きと同じくして、沖縄からも石油関連産業の整備方針が持ち上がった（「沖縄経済開発の基本と展望」68年、琉大経済研究所）。

69年に初の公選で選ばれた屋良朝苗主席もこの方針を踏襲。地域振興を意図する与那城村（当時）の意向を受け、通産省の外郭団体、日本工業立地センターがまとめた「金武湾地区開発構想」（70年）

石油備蓄基地（ＣＴＳ）の建設が進められた金武湾＝1979年12月

では、約1千万坪を埋め立て臨海コンビナートを建設する計画が示されている。72年10月には、三菱開発により宮城島と平安座島の公有水面埋め立て工事が始まった。

このような中で73年9月、地域住民により「金武湾を守る会」（安里清信、崎原盛秀共同世話人）が結成され、ＣＴＳ建設に反対する大衆的な反対運動が展開された。

当時の金武湾開発は、国家の成長戦略の一環として資源エネルギーの長期備蓄の必要性が議論された時期と重なり、計画には原子力発電施設の整備も検討されていた。

また革新団体の支援で誕生した屋良県政や、地元の村も、本土との格差是正や基地経済からの脱却を掲げた「平和産業」誘致を理由に、建設を推進しようとしていた。

これに対し守る会は、海や大気汚染、人体への悪影響、命と暮らしなど「自らの生存の原点が脅かされる」（「提訴にあたっての声明」74年9月）と不当性を主張する。

公害や環境破壊が全国的問題になる中、日本への同化を急いだと沖縄の現状を問題視し「日本を対象化し、それと闘って自

ＣＴＳ建設に反対し知事公舎前で鎖で体を縛りハンガーストライキで抗議する反対派住民＝1975年10月

らを解放していく運動になり切れなかった」と復帰の内実を批判。格差是正や開発、国策推進の方針に対し、地域共同体に根ざした価値観の重要性を強調した。

守る会の共同世話人を務めた崎原氏は「生活の糧である海をつぶされるとの住民の強い不安が会立ち上げのきっかけになった。海と暮らしが一体の『生存の思想』が運動の背後にあった」と振り返る。

また守る会は、住民一人一人が自らの「命の代表」として代表や会長は置かない（連絡世話人は置く）、政党や運動団体とは一定の距離を保ち、漁民、農民、労働者ら地域住民を主体にするなど、独自の活動方針や組織構成に基づき運動を展開した。

厳しい運動の中にありながらも、援農運動やアシビ（三線や歌踊り）、伝統行事の復活など、共同体を基盤とする精神文化が、地域の人々の連帯を強める役割を果たす。

守る会の発足後、大学教員やジャーナリストらは「ＣＴＳ阻止闘争を拡げる会」を結成。雑誌『琉球弧の住民運動』（77年）を発刊し、奄美・宇検村の石油企業誘致への反対運動をはじめ、島々が直面する環境開発、地域振興の諸課題について横断的に理解を深める動きも生まれた。

建設反対を訴えた2度の提訴や関係機関への訴えの末、当初計画で1千万坪とされた金武湾の埋め立て面積は約64万坪に留まり、沖縄には原発も建設されていない。

拡げる会の活動に関わった沖縄大学非常勤講師の安里英子氏は「金武湾闘争は単に建設反対ではなく地域自治の運動でもあった。同時期は復帰を境に各島で開発や土地の買い占めが起こり、Uターンで戻った青年たちを中心に各地がつながって、社会運動が起こった」と説明。「県内で辺野古以外にもさまざまな課題が存在する今日、あらためて金武湾闘争を学び直す意義がある」と話している。


（与儀武秀）

首里城復元

1992年　首里城復元

琉球国の存在　内外に

国内外から年間約２３５万人（２０１３年度）が訪れる首里城公園。琉球という独立した国の中枢だった首里城は、沖縄がかつて日本とは違う独自の文化を持つ国であったことを一目で理解させる施設となっている。

１８７９年の琉球処分で明治政府に王府としての機能を廃された首里城は、日本軍が駐留したり、学校や神社になったり、取り壊しも検討される事態になるなど、沖縄の日本化と比例するように、衰退の一途をたどっていく。沖縄戦では日本軍が、首里城地下の壕に第32軍司令部を置いたことで米軍の攻撃目標になり、焼失した。

戦後は米軍が創設した琉球大学のキャンパスとして使われていたその土地に、１９９２年、復帰20周年記念事業として首里城は復元された。

当時の沖縄は、ウチナーグチによるお笑い番組が人気を博し、音楽や映画などポップカルチャーが

首里城公園が開園した日、多くの客が訪れた＝1992年11月3日

盛んに。沖縄の人々が、独自の文化を持つ存在としての自信を付けつつある時期だった。編集者の新城和博さんは「復帰20周年を迎える沖縄が注目される中で、若者がそれぞれの自己表現をしていった」と回想する。

ヤマトの人たちが沖縄を新しいイメージで認識していく中で、首里城もとらえられていくことになる。

「日本と沖縄はもともと歴史や文化が違うゆえにさまざまな問題が持ち込まれる。日本人が沖縄は日本と違う、と認識することは非常に大切」と、県立芸術大学付属研究所の波照間永吉教授は話す。「日本人には首里城を見ることで、われわれが独自の歴史と文化に立脚して考えていることを考えてほしい」

そう評価する半面、首里城は宮古・八重山に人頭税を課し、庶民を苦しめた王府の象徴だという視点を持つ。

「八重山民謡『崎山ユンタ』で『天から降る雨はみのやかさで逃れることができるが、首里の国王様の言葉は逃れることができない』と歌われたように、首里の権力は庶民にかぶさってきた」とする。

琉球時代の農民の生活を紹介した「南風原の風」展＝1992年11月、南風原文化センター

八重山の史家、喜舎場永珦は、八重山歴史の４大悲劇として、人頭税、マラリア、村分け、明和の大津波をあげた。石垣島出身者として喜舎場の研究に学んだという波照間教授は「人頭税と強制移住の問題にかかるマラリアと村分けの悲劇は首里王府によってもたらされたと、喜舎場は批判したのではないか」と見る。

首里城公園が開園した92年当時も「権力の象徴」としての首里城を相対化する試みがあった。南風原文化センターでは「南風原の風　首里城をマンガタミした（背負った）農民たち」という展覧会を企画。王府が農民を厳しく管理した実態を浮き上がらせた。

琉球大学の豊見山和行教授は、「王朝文化、エリート文化の粋を集めた首里城を見るだけで、琉球の歴史の厚みが分かるわけではない」とし「首里城から見る目線と庶民から見る目線の両方が必要だ」と、琉球内部の権力関係に目を向ける必要性を説く。

首里城に関連する史資料には、民衆に関わる情報も存在する。「それらの分析を進めていくことで琉球史の厚みをとらえることができる」という。

そうすることで首里城への回帰ではなく、新しい文化の展開を考えるべきだとし「例えば独立を議論するにしても、王国とは違う国、社会のあり方を考えることができるはずだ」と提起する。

首里城復元は、膨大な琉球史研究の蓄積と、漆芸家の前田孝允さんや瓦職人の故・奥原崇典さんらの、琉球時代から続く技術が存分に発揮された機会でもあった。

波照間教授は「首里城は国王の力だけで造ったわけではない。支える人間が、技術と力を合わせて造ったということが忘れられてはいけない。首里城のすばらしさは、中国やヤマトで学んだ頭脳集団や、その人たちを運んだ船乗りたちも合わせ、国家の総力がかかっていると見るべきだ」と話す。

（城間有）

沖縄文化のポップ化

若者が独自性を再評価

復帰から約20年がたち1990年代になると、当時の若者たちが新しい視点で沖縄文化を発信する動きが生まれた。沖縄語を交えた標準語「ウチナー大和口」を積極的に使い、風俗習慣の独自性を再評価。かつては卑下された沖縄文化を復帰後世代のまなざしで捉え返し、ローカルな感覚を生かしながら、書籍や音楽、演劇、映画などの各分野で沖縄を表現する。一連の動きは、従来の沖縄文化を刷新するインパクトを持ち、大きな社会現象となった。

「ナナサンマル」「うちなー婿」「おばあ」。沖縄の習俗や慣習に関わるキーワード433の項目をまとめた「事典版おきなわキーワードコラムブック」（89年、まぶい組編）には、沖縄の事象を親しみやすい文体で切り取ったショートコラムが並ぶ。

各文章の主な執筆者は当時20～30代の学生や社会人。等身大の語り口（ウチナー大和口）でローカルな生活文化を再発見する斬新なスタイルは大きな反響を呼び、県内でベストセラーとなった。同時

若者の視点で沖縄の生活文化を取り上げた「おきなわキーワードコラムブック」。第１弾の事典版の反響を受け第２弾の「日記版」も発刊された

期には、コラムマガジン「Ｗａｎｄｅｒ」（90年）の発刊や、「りんけんバンド」の本土デビュー（90年）、テレビ番組「お笑いポーポー」放映（91年）、映画「パイナップルツアーズ」公開（92年）など、各分野で沖縄文化のポップ化が進行。差別や偏見の対象とされた近代以降の沖縄の文化イメージを刷新する動きと話題になった。

「土着であることが面白いと意識的に強調した」。

ボーダーインク編集者の新城和博氏は「キーワードコラムブック」や「Ｗａｎｄｅｒ」を発刊し、90年代の沖縄の若者文化の中心的存在として注目された。出版や音楽、映画、お笑いなど「沖縄の若い世代の動きがつながり、社会現象になっている手応えがあった」と当時を振り返る。

72年の復帰時には9歳で「復帰運動に乗り遅れた世代」。沖縄文化に対する卑下など、先行世代が持っていた葛藤を意識せず、音楽や映画、活字文化などのサブカルチャーを吸収しながら、沖縄の独自性に着目するようになる。

「上の世代に苦笑されたこともあるが『沖縄はポップだ』と強調していた。92年はちょうど復帰20年の節目。都市化された那覇を中心に、復帰後世代が自分たちで沖縄を面白がる、カウンターカルチャー（対抗文化）としての側面もあった」と指摘する。

2000年以降も流れは加速。「沖縄サミット」やドラマ「ちゅらさん」、映画「ナビィの恋」への

沖縄の社会問題をコントで伝える「お笑い米軍基地 10」＝ 2014 年６月、那覇市

注目で、異国情緒あふれ明るく華やかな沖縄表象が流行し、全国的な「沖縄ブーム」に結びつく。

だが２０００年代には、次第にブームに伴う懸念も指摘された。問題視されたのは、エキゾチックな文化イメージ強調の一方で、沖縄を取り巻く政治的、経済的な課題が後景化する危うさだった。

県内では、楽園的な自然や癒やしの島の印象が押し出されることで、沖縄への過重な基地負担や経済格差などの現実的課題が隠蔽《いんぺい》されることへの懸念も相次いだ。

「笑築過激団を見て『かっこいい』と思った感覚が、２０００年代の沖縄ブームでは、観光イメージのえげつないものに変わり、冷めた」。

演芸集団ＦＥＣの舞台劇「基地を笑え！お笑い米軍基地」の企画、脚本、演出を手がける小波津正光氏は、２０００年に自身が上京した際の、沖縄ブームを振り返る。

『沖縄の人は〇〇サー』『長寿のオジー、オバー』、注目が癒やしなどの観光的部分だけ。沖縄には戦争の爪痕も基地問題もあるという違和感が『お笑い米軍基地』を始めるきっかけだった」。

大反響を呼んだ舞台「お笑い米軍基地」はシリーズ化され、今年（２０１４年）で10年目。現在は本土から舞台を見るために沖縄へ足を運ぶ来場者もいる。

「モンゴル８００が反オスプレイのＴシャツで歌うのも、自分たちの笑いも、沖縄の人たちの共感や奥底に触れる部分があると思う。沖縄をさらけ出して表現できるようになった意味でも、90年代の影響は大きい」と話している。

（与儀武秀）

第5部　現代編

暴行事件の波紋／沖国大ヘリ墜落事故／教科書検定・県民大会／政権交代と県内移設／オスプレイ強硬配備／建白書と新基地建設／深まる溝

1995年　米兵暴行事件

暴行事件の波紋

反基地民意　拡大の契機

「私たちに静かな沖縄を返してください。軍隊のない、悲劇のない、平和な島を返してください」―。1995年10月21日、宜野湾海浜公園。同年9月に起こった米兵による暴行事件に抗議し、地位協定見直しを求める「県民総決起大会」（主催・同実行委員会）の参加者が、壇上に立った普天間高校3年生（当時）の仲村清子さんの訴えに耳を傾けた。

会場を埋め尽くした参加者数は、当時としては復帰後最多となる8万5千人（主催者発表）。大会事務局の当初の予想を大きく上回る人数。戦後を通しても県内で最大規模の抗議集会となり、県内外から大きな注目を集めた。

大会では米軍人・軍属の犯罪根絶と被害者への補償、日米地位協定の見直し、基地の整理縮小を求める大会決議を採択。参加者が怒りの拳を突き上げた。

8万5000人（主催者発表）が参加した米兵による暴行事件に抗議し、地位協定見直しを求める「県民総決起大会」＝1995年10月21日、宜野湾海浜公園

95年9月に本島北部で起こった3人の米兵による拉致、乱暴事件は、県内に大きな衝撃を与えた。

県警は逮捕状を取り身柄引き渡しを求めたものの、3米兵を拘束した米軍の捜査当局は、日米地位協定に基づき引き渡しを拒否する。協定では第1裁判権が米側にあるとされていたため、起訴までは米兵の身柄が確保できないという異例の状態が続いた。

痛ましい被害と理不尽な制度の問題が浮き彫りとなったことから、県内ではこれまで頻発していた米軍関係の事件や事故で鬱積《うっせき》していた反基地感情が爆発。県民世論の高まりを受け、大田昌秀知事（当時）は、米軍用地特措法（97年の改定前）で軍用地を提供する際、所有者に代わって調書への署名押印することなどを定めた、強制使用手続きの代理署名の拒否を表明する。

宜野湾市で開催された県民大会に参加していた西蔵盛史子さん（39）は、当時20歳の大学2年生。「政治的立場を超えて会場が一つになっていると感じた」

大学では沖縄を代表する文学者だった故・岡本恵徳氏（琉球大学名誉教授）から沖縄の文学や思想を学んだ。差別する側とされる側が目まぐるしく転換する知念正真氏の戯曲『人類館』を例に、「沖縄の内部でも基地被害が入れ替わり、見せ物にされている印象がある。大会は沖縄を考えるきっかけになり、その後も自分の沖縄に対する向き合い方を模索している」と思いを語る。

大会では米軍犯罪への抗議の声が大きなうねりとなっていることがあらためて明らかになったが、日米両政府への批判とともに際立ったのは、軍用地の強制使用手続きの代理署名を拒否した大田知事の政治姿勢に対する県民の大きな支持だった。

大会の壇上のあいさつでは用意された事務方の原稿ではなく、自らの言葉で参加者を見据え、「行政を預かる者として一番に守るべき尊厳を守れなかったことを心の底からおわびしたい」と述べ、代理署名の拒否について説明。

会場から起こったひときわ大きな拍手は、日米両政府に沖縄の基地政策の見直しを迫る民意とともに、知事の政治姿勢を後押しする県民の強い賛同の意思を表していた。

大田氏は「県民からの大きな反響は考えてもいなかったもの。地方の一知事が国の基地政策にNOと言えた背景には、自分に沖縄戦体験があるからだと思う」と説明。

「伊波普猷が、時の権力にすがる『事大主義』と評したように、沖縄の過去の歴史は政府のいいなりだった。それに対する不満や反発が多くの参加者が集った県民大会に現れたのではないか」と当時の状況を振り返っている。

村山富市首相（右）と会談し代理署名拒否について説明する大田昌秀知事（肩書はいずれも当時）＝1995年11月4日

普天間飛行場の全面返還合意を発表する橋本龍太郎首相（左）とモンデール駐日米大使（肩書きはいずれも当時）＝1996年4月12日、首相官邸

返還合意　新たな負担

１９９６年４月12日。橋本龍太郎首相は、モンデール駐日米大使（共に当時）と首相官邸で会見した後、宜野湾市にある米軍普天間飛行場を、５～７年以内に全面返還することで日米合意したと発表した。

95年の米兵による暴行事件に端を発した沖縄の反基地感情の高まりを受け、日米両政府は事態に素早く対応。基地の整理・縮小の中でも、特に市街地で危険性が高いとされた普天間飛行場の全面返還は、電撃的発表と受け止められた。

だが会見の中では返還の条件として、県内の米軍基地への普天間ヘリ部隊のヘリポート新設や嘉手納基地への機能統合などが挙げられていた。普天間返還とともに示された基地機能の県内移転は、米軍基地が集中し、飽和状態にある沖縄に、さらに新たな基地負担を強いることを意味していた。

県内の反発の中、日米両政府は97年、普天間の代替施設となる海上ヘリ基地を名護市辺野古沖に建設することで基本合意。98年に移設に反対する立場だった大田昌秀知事に替わり県政を担った稲嶺恵一知事（当時）は、代替施設の固定化を

辺野古ボーリング調査を阻止するため、単管足場のやぐらを占拠し座り込む市民＝2004年11月25日、名護市辺野古沖

避けるため、「使用期限」と施設の民間利用も可能な「軍民共用」などの条件を付け、県内移設を容認する姿勢を示した。

当時の背景について、稲嶺氏は「橋本首相は県内移設の方針で、県民の約6割はそれに反対。ギリギリの落としどころとして条件を付けた」と説明する。

だが稲嶺県政が政府と協議を重ねた沖合案は、2005年から本格化した米軍再編協議の課程で一方的に変更された。05年9月、防衛庁（現防衛省）は海域のボーリング調査で設置した単管やぐらを「台風接近」を理由に撤去。10月には日米政府が米軍再編の中間報告で、キャンプ・シュワブ沿岸を中心に新たな代替施設建設の方針を示したため、県側はこれに強く反発する。

稲嶺氏は、当時、防衛庁が市民による抗議行動の警備にかなり苦心していたことなどを踏まえ、「やぐら撤去は阻止行動で調査を断念したためだと思った。その段階で政府は従来計画を放棄、新しい移設案の腹を持っていたのだろう。政府との約束がほごにされ、覆されたと感じた」と当時の思いを振り返る。

米国の沖縄をめぐる軍事戦略について、琉球大学の我部政明教授は「米国の基地を取り巻く環境や戦略の変化によって調整が必要になったものであり、沖縄返還時から一貫して続いている考え方だ」

と指摘。

ベトナム戦争後に不要となった米軍基地を、１９７２年の沖縄返還で移設や移転費用を日本に負担させた上で整理したように、冷戦終結後の米国内の基地政策の見直しに伴い、普天間返還が浮上。その後、ブッシュ政権下で米同時多発テロが発生したことなどを受け、新たな再編が進められたとする。

その上で、県側と日本政府との間でさまざまな条件が提示され進められた県内移設の議論について「これまでさまざまな条件を踏まえ『妥協点』とされた沖縄の選択は、実際は選択肢でさえなかった可能性もある」と指摘。

日本政府と沖縄とで協議を重ねた沖合案の方針が、米軍再編協議の過程で転換したことを踏まえ、「重要なことはどのような条件で辺野古に基地を移設するかではなく、沖縄がこれ以上の基地負担を受け入れたいか、受け入れたくないか、明確な意思を示すことだ」と話している。

基地是非　初の県民投票

１９９５年の米兵による暴行事件に端を発した沖縄での反基地感情の高まりは、全国初となる米軍基地の整理・縮小と日米地位協定の見直しを問う県民投票（96年）に結びついた。住民投票を通じた意思表示は、新たな民主的手法として注目を集めたが、焦点とされた投票率は60％に届かず、首長の政治判断と投票結果との整合性や、国の強権的姿勢との相違などの課題が浮かび上がった。

米軍基地の整理・縮小と日米地位協定の見直しについて賛否が問われた県民投票の開票作業＝1996年9月8日

事件に敏感に反応したのは女性たちだった。地域婦人会で構成する同県婦人連合会は事件の約２週間後、いち早く抗議集会を開き、事件の糾弾と日米安保と地位協定の廃棄を決議。ＮＧＯ北京95沖縄実行委員会、県婦人団体連絡協議会も続き、女性団体が３日連続の集会で声を上げた。事件を契機に発足した「基地・軍隊を許さない行動する女たちの会」の立ち上げに関わった宮城恵美子那覇市議は「北京会議で沖縄の米軍被害を国際社会に訴えた直後、沖縄に帰り事件を知った。足元で起こった事件を見過ごせないと女性たちが主体的に働きかけ、社会に大きく訴える役割を持った」と振り返る。

県民の反基地世論の高まりを受け、96年９月に行われた県民投票では、米軍基地の整理・縮小と日米地位協定見直しの賛否について、賛成が全投票数の89・09％（48万２５３８票）、反対は８・54％（４万６２３２票）だった。焦点とされた投票率は59・53％との結果に終わった。

基地の整理・縮小と地位協定の見直しを求める県民意思が明確となる一方、約４割が投票しなかった。一部政党が棄権を呼びかけ、軍用地主など利害関係者の投票率の低さなど、民意集約の難しさも指摘された。

県民投票の結果を受け記者団に「県民意思を尊重し、基地縮小に努力する」とコメントする大田昌秀知事（当時）＝1996年9月8日

「沖縄には戦後27年間の米軍統治下で住民運動によってさまざまな権利を勝ち取ってきた経緯がある」

全国初の県民投票の実施が可能となった背景として、沖縄国際大学の照屋寛之教授（政治学）は、国家権力に対して自分たちの権利を要求し、獲得してきた戦後沖縄の歴史経験を挙げる。

その上で、59・53％という投票率について、政治学者の中には選挙の際に60～80％の投票率があれば評価できる数値だとする見方もあると説明。「日ごろ国政選挙などでは投票率が60％を割ることもある。棄権の呼びかけもある中で、59％という民意は大きい」と話す。

だが、基地の整理・縮小と地位協定の見直しを求める県民投票の結果が示された、わずか5日後、大田昌秀知事（当時）は、暴行事件以降、拒否する姿勢を示していた、軍用地の強制使用に関する公告縦覧手続きの代行応諾の表明する。

大田氏は応諾について「県民投票は公告縦覧手続きに賛成か反対かを問うものではない。基地負担の軽減は当時、県が基地返還アクションプログラムを策定し県内基地の整理・縮小を求めていた。県民投票との矛盾はない」と当時の対応を説明する。

そして同時に、最も当時懸念していたのは、米軍用地特措法の改定によって、知事が代行してきた代理署名ができなくなることだったと強調。「法改定のうわさもある中で、地方の知事の権限が取り上げられ、総理の署名で手続きが進めば、沖縄の抵抗手段がなくなってしまうと思った」と振り返る。だが懸念通り、政府は97年に米軍用地特措法を改定。国が直接事務を執行できるようになった。

照屋教授は、投票前に政府が知事を相手にした代理署名の職務執行命令訴訟で、県側敗訴の最高裁判決が出たことが大きかったと当時の社会背景を説明。

首長は基本的に、直接民主主義の住民投票で示された民意に従うべきだ、としながら「判決が出た以上、どこまで拒否できるかは判断が難しいと思う。本来は法の下の平等に照らして沖縄の基地負担の過重さが判断されるべきだが、国家権力が自治体の首長を追い詰め、屈服させた」と話している。

（この項、与儀武秀）

2004年　沖国大に米軍ヘリ墜落

沖国大ヘリ墜落事故

安保優先の異常さ露呈

２００４年8月13日。沖縄国際大学に普天間飛行場所属の米海兵隊のＣＨ53Ｄ大型輸送ヘリコプターが墜落した事故は、市街地の中心に軍事基地が存在する普天間の危険性をあらためて浮き彫りにした。物々しい事故現場の様子は、県内各地で戦後繰り返し起きた軍用機の墜落事故の記憶を人々に呼び起こすとともに、米軍が民間地である事故現場を一方的に封鎖するなど、安保関係法がすべてに優先する沖縄の異常さを明らかにした。

巨大な爆発音とともに火柱を上げ、立ち上る黒煙。消防車やパトカー、鳴り響く緊急車両のサイレンと、辺り一面に散乱する機体の残骸。

沖国大の墜落事故は、民間地の見慣れた風景が一瞬で事故現場となり、何げない日常生活が突然惨事と化す、沖縄の空の危険性を如実に浮かび上がらせた。

奇跡的に住民に死傷者が出なかったことは、市街地の中心に存在する基地の危険性を示す「最後の

米軍ヘリが墜落した沖縄国際大学。後方は普天間飛行場＝2004年8月13日

警告」と例えられた。

その指摘は、沖縄では県民が、いつ誰でも軍用機の墜落事故の被害者となりうる危険性と隣り合わせの生活を強いられていることを意味する。

「1960年代後半から基地担当をしたが、本当に頻繁に事件事故が起こった」

沖縄タイムス元記者で、復帰前後にかけて基地担当をしていた国吉永啓さん（78）は、65年の米軍機からパラシュート投下されたトレーラーの読谷村の住宅地への落下や、68年に起きた米軍嘉手納基地でのB52戦略爆撃機の離陸失敗による墜落・爆発炎上など、さまざまな事故の取材に当たった。

戦後沖縄の米軍機事故の記憶とともに思い出されるのは「現場が対応しており、自分は詳細を知らない」など、まともに取材に応じず、責任をごまかそうとする米民生府の高官の態度だ。「ばかにしていると腹が立ったが、沖縄の報道機関が協力して取材の情報を持ち寄り、記事にした」と当時の様子を説明する。

沖国大へのヘリ事故後も、現場視察した町村信孝外相（当時）は「被害が重大にならなかったのは操縦がうまかったのかもしれない」とコメント。在日米軍司令官も「飛行不能になった機体を、精いっぱい操縦し被害を最小限に食い止めた。素晴らしい功績」と称賛し、県民の憤りとかけ離れた日米両国の責任者の見解に批判が集まった。

同事故では、事故直後の現場を一方的に米軍が封鎖。県警が求めた墜落現場の現場検証に対して「日米両国の合意に基づいて要請には応じられない」と拒否するなど、民間地でありながら、市当局や消防、警察も立ち入り禁止にする対応も問題視された。

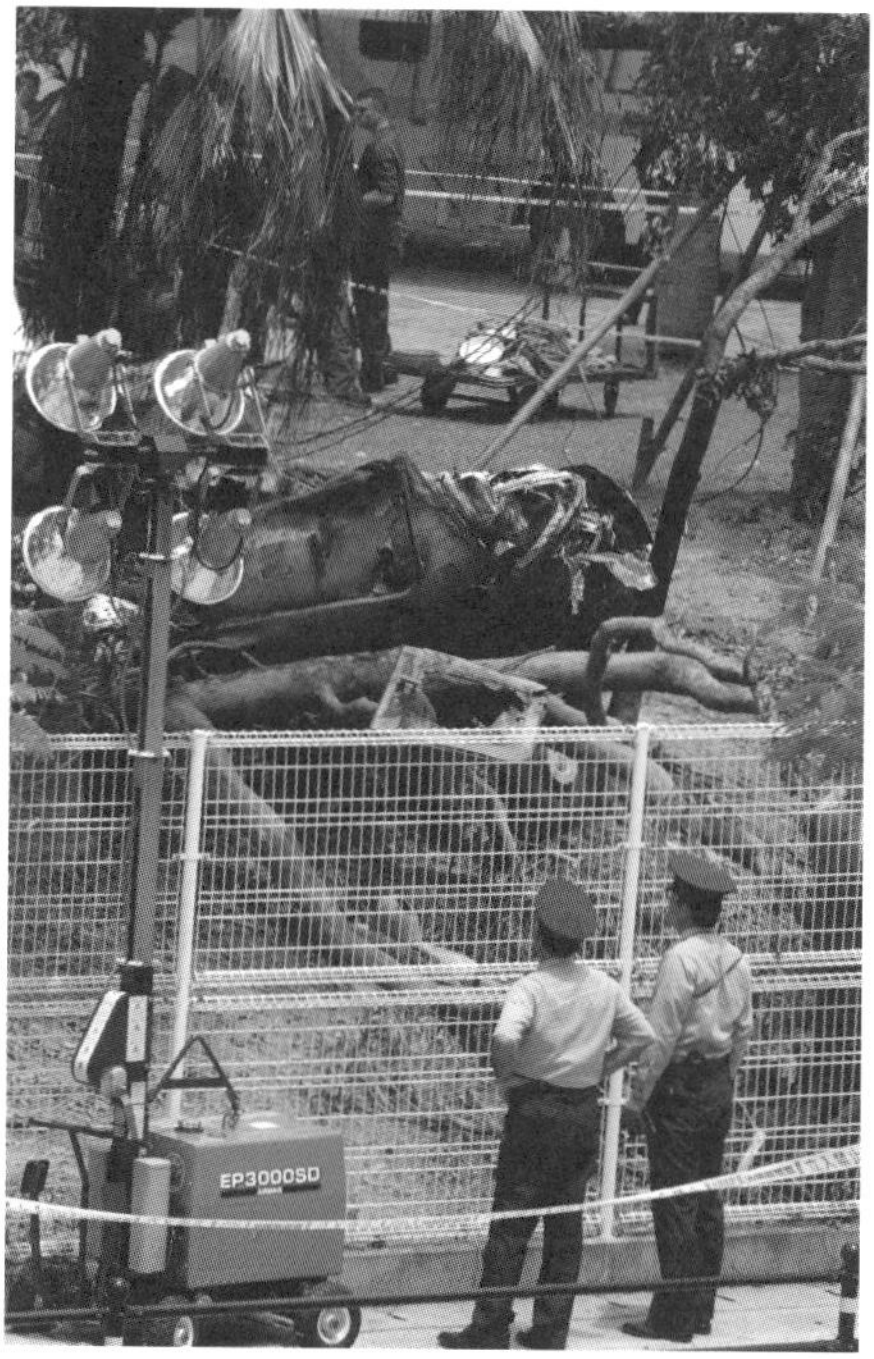
現場検証ができず、県警はフェンス越しに墜落現場を見るしかなかった＝2004年8月13日、沖国大

沖国大の井端正幸教授（憲法）は、事故時の対策本部（後に対策委員会）委員として対応に当たった。日本では安保関係の法体系により特例法などで米軍にさまざまな便宜が図られていると強調。

「日米地位協定（17条10項b）では、施設以外で日本の当局に従うことなどが合意されているにもかかわらず、地域を封鎖し日本側の消防、警察も入れなかった。明らかに地位協定違反」と話す。

その上で、協定に関する「合意議事録」（60年）では、日本側が米軍の財産について「捜査、差し押さえ、または検証を行う権利を行使しない」とされていると説明。

「本来は日本が捜索、検証する権利を持ち、米側に地位協定上おかしいと言えるはずだが、協定の解釈や運用でそれを『行使しない』としている。自らの権利を放棄し、治外法権、無法状態をつくり出せる」と問題点を指摘する。

事故は日本が米国に対して、安保法体系で便宜を図っている現状と、その便宜をさらに超えて、例外的な運用解釈が可能だという異常さを浮かび上がらせた。

国吉さんは「復帰前から現在まで共通するのは、沖縄に対する占領意識。墜落事故などの混乱状態だからこそ、彼らのメンタリティーがはっきり表れる」と話している。

（与儀武秀）

教科書検定・県民大会

2007年　教科書検定意見撤回を求める県民大会

戦の史実修正に反発

「全県民が一丸となり、全国に警鐘を発信し、軍隊による強制集団死の削除に、断固ノーと叫ぼう」

2007年9月29日、宜野湾海浜公園で開かれた「教科書検定意見撤回を求める県民大会」(主催・同実行委員会)では、主催者発表で当初予想を上回る約11万人(宮古、八重山大会を含め約11万6千人)が参加。復帰後最大の集会で「島ぐるみ」の声を上げた。一連の教科書検定問題では、日本軍の加害を「自虐的」として、名誉回復を目指す歴史修正主義の動きと、体験者の証言に基づく史実や多くの県民に共有された沖縄戦の記憶との隔たりがあらためて浮き彫りとなった。

文部科学省は同年3月、08年度から使用される高校教科書の検定結果を公表し、いわゆる「集団自決(強制集団死)」の記述について「沖縄戦の実態を誤解するおそれのある表現」との検定意見を付した。その上で、日本軍による命令、強制、誘導などの表現を歴史教科書から削除、修正させた。

検定意見の背景には、「戦後レジームからの脱却」を掲げた第1次安倍政権の誕生や従軍慰安婦や

主催者発表で11万人が集まった「教科書検定意見撤回を求める県民大会」＝2007年9月29日、宜野湾海浜公園

南京大虐殺の事実を覆そうとする「新しい歴史教科書をつくる会」など、歴史修正主義の影響などが取り沙汰された。

これに対し県内では、沖縄戦の事実をゆがめるものだとして、検定意見への強い反発の声が上がる。

「『集団自決』が『軍による強制・強要・命令・誘導等』なしには起こり得なかったことは否定することのできない事実」として、検定意見の撤回を求める意見書が県議会（2度可決）をはじめ、県内41市町村の全議会で可決。検定意見撤回の全県的なうねりは、9・29県民大会につながった。

「5万人集まれば大成功だと思ったが、それを大幅に上回る参加者に驚いた」

元県議会議長で県民大会の実行委員長を務めた仲里利信衆院議員は「沖縄で2度と戦争をさせないというシグナルだ」と大会を振り返る。

検定意見から7年余りがたち、これまでに計4回の政府陳情を繰り返した。だがその対応は「全国1％の人口しかない沖縄は無視しても構わない」と感じられた。

「根本にあるのは薩摩侵攻から続く沖縄蔑視。口では『沖縄に寄り添う』

決議文などを手渡すため、江田五月参院議長（右）に面会した仲里利信県議会議長（左から３人目、肩書きはいずれも当時）ら＝2007年10月３日、国会

と美辞麗句を並べるが、実際やっていることは沖縄に民主主義は適用しないということではないか」と疑問を投げ掛ける。

復帰後最大となった県民大会の要望にもかかわらず、検定意見の撤回はいまだ実現していない。戦後70年を迎え、沖縄戦の体験者が減少する中、多くの県民に共有されてきた沖縄戦の記憶の継承が大きな課題とされている。

「文科省が検定意見を撤回したらそれで終わり、という話ではない。重要なことは、私たちが沖縄の歴史をしっかり学び、教えることだ」

沖縄大学の新城俊昭客員教授は、長年教育現場に関わってきた経験から、沖縄独自の歴史を伝えることの意義を強調する。検定意見が撤回されたかどうかだけに目を向けるのではなく、沖縄の全体的な歴史背景を踏まえ、社会事象を理解させる試みが今後より必要になるとの指摘だ。

「『集団自決』だけを教えても理解が難しいので、問題が起きた歴史的背景を教えることが重要。そう考えると沖縄の歴史について、現在の教育課程でもできることはたくさんある」と強調する。

また一方では、国内的な枠組みだけで沖縄戦を見るのではなく、満州事変から始まる十五年戦争の全体像から考えることで、日本の帝国主義や中国大陸で亡くなった人々、朝鮮人慰安婦の問題など、ナショナリズムの枠組みとは異なる視野が広がると説明。「地方自治のあり方として、全国一律の教育とは別に、沖縄の独自性を打ち出し、教育課程そのものを変えるくらいのことをやるべきではないか」と提案している。

（与儀武秀）

政権交代と県内移設

2010年　民主党政権が辺野古移設に転換

負担負わぬ本土　顕著に

2009年夏の民主党政権の誕生は、米軍普天間飛行場の移設について鳩山由紀夫首相(当時)が「最低でも県外」と主張したことで、名護市辺野古沖のV字形滑走路の建設ではなく、県外、国外への移転が実現するのでは―との県民の期待が高まった。だが、紆余《うよ》曲折を経た末、鳩山首相は翌年に辺野古移設への回帰を表明。普天間問題が全国的に注目されながらも、過重な基地負担軽減を訴える沖縄の民意と国内世論との対称性が浮かび上がった。

新たに発足した民主党政権は、米軍再編や普天間の県内移設の見直しを公約に掲げた。同年5月に沖縄タイムス社と朝日新聞社が実施した県民世論調査でも、県内移設について県民の「68%が反対」との結果が出た。

従来から新基地建設に反対してきた各政党をはじめ、自民党県連や沖縄経済同友会といった、従来は辺野古への基地建設を容認する立場だった組織にも動きは広がり、県内移設反対の民意は、ほぼ全

辺野古回帰を伝えた鳩山由紀夫首相と握手をせずに退席する仲井真弘多知事（右、肩書きはいずれも当時）＝2010年5月23日、県庁

県的な動向になった。

だがこのような状況の下、鳩山政権の「県外、国外移設」の政治姿勢は、次第にトーンダウンしていく。

10年1月の名護市長選では、辺野古移設に反対する稲嶺進氏が、移設を条件付きで容認してきた現職の島袋吉和氏を破って初当選。「辺野古の海に基地は造らせない」と移設反対の立場を明確にした。だが、平野博文官房長官（当時）は、選挙結果について「（民意を）斟酌《しんしゃく》する必要はない」と強権的に移設を進める可能性に言及。

県内移設反対との県民世論よりも、日米合意を優先させようとする民主党政権の姿勢は、次第に明確なものになり、鳩山首相は同年5月、自民党政権が進めた辺野古移設への回帰を表明。県庁周辺では、多くの市民が県への説明で来県した鳩山首相に向け、県内移設に反対する抗議の声を上げた。

琉球大学の波平恒男教授は民主党政権による普天間の県内回帰について「県内移設の見直しを目指す時点で、党内意見をどれだけ集約できたのか疑問。政権奪取を目標とする余り意見集約をおろそかにした側面がある」と指摘。その上で「脱官僚政治と言いながら、

辺野古移設方針を示した鳩山首相（当時）に抗議する市民＝2010年5月23日、県庁周辺

日米同盟路線を堅持する外務、防衛官僚をコントロールできなかった。党内の意思統一ができず、閣僚も鳩山首相を支えることができなかった」と説明する。

また一連の過程で、民主党政権の方針転換とともに浮かび上がったのは、県内移設反対という沖縄の民意よりも、日米合意の重要性を強調し、自国の安全のためには今後も沖縄に軍事基地を置くべきだとする見解が、中央メディアの識者コメントなどでも公然と述べられたことだった。

普天間問題の議論で、マスメディアでは、東アジアの軍事的均衡を考え、沖縄の海兵隊は必要だとする「抑止力論」や、日米関係を重視し、普天間の辺野古移設に近い形で決着を求める「外交関係論」などが主な論調をなした。

日本の安全保障が、これまで沖縄の過重な基地負担によって担保されてきたことの理不尽さを訴える県民世論に対し、その是非に正面から向き合わず、政府方針をしばしば追認するような議論に、県内では憤りが充満した。

「県外移設がその時挫折したのは鳩山政権の弱さとともに、本土世論の強い反対のため。鳩山政権だけでなく、国民が県外移設の方針をつぶした」

むぬかちゃー（ライター）の知念ウシ氏は、大部分の日本人が日米安保を選択している以上、安保反対の人々も含め、沖縄に基地負担が集中する現状への結果責任があると指摘。沖縄の基地を本土が引き取ることを主張してきた。背景について「安保が無くなるまで自分たちで負担し何とかすることが当然だ」と説明する。

「沖縄の基地は国内で不可視化されているが、まず安保を選択している本土が自分で基地の重みに直面することで、安保の是非をめぐる国民的議論や軍縮につながる可能性もある。県外移設を主張し、ヤマトゥの責任を明確に突き付けることが、沖縄人にとっての精神の脱植民地化にもつながる」と話している。

（与儀武秀）

オスプレイ強行配備

怒り沸点　普天間を閉鎖

２００９年の民主党政権誕生で高まった普天間飛行場の県外移設への県民の期待は、10年にはあっけなく裏切られた。それがかえって県民の意思を強くした。同年４月25日に読谷村で開かれた「米軍普天間飛行場の早期閉鎖・返還と、県内移設に反対し国外・県外移設を求める県民大会」には仲井真弘多県知事（当時）、41市町村長（代理含む）をはじめ９万人（主催者発表）が集まった。土地に対する権利を求めて県民が立ち上がった１９５０年代の「島ぐるみ闘争」という呼称が、新たな意味を帯びて復活したのもこの年だ。

その熱冷めやらぬ２０１１年。米政府が輸送機ＭＶ22オスプレイの普天間への配備を表明した。県民は１９９６年の「沖縄県民負担の軽減」をうたったＳＡＣＯ合意の時点で、オスプレイ配備が含まれていることを見抜き、県民の安全を脅かすものとして問題提起してきた。しかし日本政府は配備計画を隠蔽《いんぺい》し、米政府が表明した後も沖縄の民意をくんで対応することはなかった。

座り込みを排除しようとする警官隊ともみ合いになる抗議参加者ら＝2012年9月28日、宜野湾市・米軍普天間飛行場大山ゲート前

県民の怒りは沸点に達した。県議会、全41市町村議会が配備撤回を求める決議を採択。2012年9月9日には「オスプレイ配備に反対する沖縄県民大会」が宜野湾海浜公園で開かれ、10万1千人（主催者発表）が抗議の意志を示した。それにもかかわらず政府は同19日にオスプレイの「安全宣言」を発表し、あっさりと米国の決定を追認した。

同26日から市民は連日普天間飛行場のゲート前で抗議集会を開いた。SNSで行動の情報が共有され、台風接近で風雨が強まる中、80歳近い高齢者も座り込んだ。警察に力ずくで〝排除〟され、けが人も出た。それでも市民はその場に居続け、29日には三つの主要なゲートを封鎖し、普天間飛行場への出入りを阻止した。

普天間飛行場の辺野古への移設を問う1997年の名護市民投票で、条例制定を求めた市民の代表を務めた宮城康博さんも、普天間封鎖に関わった。「普天間封鎖は、95年の（米兵暴行事件に抗議する）県民大会からの流れで見る必要がある」と分析。「県民の怒りを利用して日米両政府に都合のよ

配備反対のシュプレヒコールが上がる中、米軍普天間飛行場に飛来するオスプレイ＝2012年10月1日、宜野湾市野嵩

い米軍基地のスクラップアンドビルドを決めた96年のＳＡＣＯ合意があり、それに反対の意思を示した名護市の住民投票があった。そこを起点とした県民の経験の結果としてある」とみる。

沖縄戦で破壊され隔離され、銃剣とブルドーザーどころではない、住民の抵抗が及ばない形で建設された普天間基地は、沖縄の戦後史を象徴している。単に市街地から移動させることでは納得できないという県民の意思を、日米両政府は見誤ったとする。

２０１２年９月30日、ミュージシャンのＫＥＮ子さんは主要３ゲートが封鎖されたため臨時に開いたゲート４の前にいた。米兵に「電気屋の車が出るから通してくれ」と言われ応じたが出てこない。訳を問うと「ＪＰ（日本の警察）が止めている」とのことだった。「日本の警察が（私たちを不利にするために）人質にとっているんだな、と思った。そんなことまで米軍に指示しているとは」。ウチナーンチュに相対するのは目の前の米兵より先に、日本の権力だと実感した。

10月１日午前11時６分。市民の抗議の声が響く秋晴れの普天間の空に、ＭＶ22オスプレイはあっけなく姿を現した。

ジャーナリストの屋良朝博さんは「沖縄戦前の１９４４年に米軍が作成した『民事ハンドブック』には、日本が沖縄を同等と見なしておらず、そのギャップを利用できると書かれている。オスプレイ配備はその認識がまだ続いていることを象徴的に表した出来事だった」と分析。日本政府が県民の合意を得ることなく米国の決定を追認することを米国は見越していた、と推測する。

屋良さんも普天間封鎖に駆けつけた。「オスプレイ配備を許してしまったら沖縄の尊厳はずたずたにされる。それは死を意味する」。警察に〝排除〟され、車両と機動隊に囲まれた場所に〝監禁〟された。「この国に民主主義はあるのか、と思った」

オスプレイは配備されたが、普天間飛行場を4日間も閉鎖できたのは「沖縄がそろそろ独り立ちしてもいい、という自信が芽生えたからではないか」とみる。沖縄の米軍基地の存在意義とされる海兵隊の必要性の有無を、県民が見極め、追求する努力をするべきだと主張する。「本土の人に分かってくれという時ではなくなった。沖縄が変わるしかない。知的な行動か、実力行使か、その両方か、今だからできるような気がする」

（城間有）

建白書と新基地建設

2013年 「建白書」携え東京行動

保革超え全国に発信

県民の反対を無視して米軍輸送機MV22オスプレイが2012年、配備された。年が改まった13年1月28日。県内全41市町村長が「建白書」を携え、東京の首相官邸を訪れた。

「安倍晋三内閣総理大臣殿。沖縄の実情をいま一度見つめていただきたい。沖縄県民総意の米軍基地からの『負担軽減』を実行していただきたい」。そう記した「建白書」を翁長雄志市長会会長（当時）が、安倍首相や関係閣僚に手渡した。

「あれだけの人が集まって抗議したのに配備するのは許せないという怒りがあった」。12年に10万人余りがオスプレイ配備に反対した県民大会の事務局を務めた玉城義和県議は、民意を示しても変わらない状況にどう行動し、事態を打開するかを考えた。選挙で選ばれた市町村長が集まれば、保革を超えたオール沖縄で「平成の沖縄一揆」ともいえるアピールになる―。首相に手渡す文書には、目的を達成するために行動を起こす、その決意を込めて「建白書」と名付けた。復帰前の1971年、屋良

オスプレイ配備撤回を訴え、街頭をデモ行進する東京行動参加者たち＝２０１３年１月27日、東京都・銀座

朝苗主席が基地負担の軽減を求めた「建議書」の存在が念頭にあった。

政治レベルだけでなく国民の世論を盛り上げたいと、建白書を手渡す前日の27日には「ＮＯ　ＯＳＰＲＥＹ」の横断幕を掲げて銀座をパレードし、日比谷野外音楽堂で４千人（主催者発表）を集める集会を開いた。玉城県議は「あれほど壇上と会場が一体となった集会はなかった」と振り返る。一方で、全国紙での報道が小さかったり、参加者に「売国奴」という言葉が浴びせられるなど、東京と沖縄のギャップも明らかになった。

東京行動を区切りとして、県民大会の実行委員会は解散となった。しかし、「建白書」で求めたオスプレイ配備撤回や普天間飛行場の閉鎖、県内移設断念はまだ実現していない。

さらにその年の11月。それまで普天間飛行場の県外移設を主張していた県関係の国会議員が、辺野古移設容認へと転じた。それに続くかのように12月、２００９年に県外移設を公約に掲げて県知事に当選し、日本政府と対峙《たいじ》してきた仲井真弘多知事が辺野古埋め立てを承認したことが、県民の怒りに火をつけた。

「沖縄建白書を実現し未来を拓く島ぐるみ会議」結成大会で気勢を上げる参加者＝2014年7月27日、宜野湾市民会館

保革の勢力を超えた、恒常的な政治の仕組みを新たにつくる機運が高まり、「沖縄建白書を実現し未来を拓《ひら》く島ぐるみ会議」が誕生した。

名護市辺野古への新基地着工が迫る14年7月27日、宜野湾市民会館で開かれた島ぐるみ会議の結成大会は、県外移設への期待を直接選挙で託した政治家から裏切られた怒りの受け皿となるかのように、2千人余りが集まる大規模なものとなった。

結成アピールでは辺野古への基地建設強行が「民意と尊厳を踏みにじり、社会正義と民主主義の基本を否定するもの」と日本政府を批判した。

アピール文を考えた島袋純琉球大学教授は「新基地建設を止めるためにそれぞれで次の動きを模索していた個人をまとめるには『建白書』を軸にするのが最善ということになった」と話す。保革を超えた「オール沖縄」の組織として動き始めた島ぐるみ会議は沖縄の問題にとどまらず「反ファシズムの統一戦線を沖縄から全国に広げるという、歴史的に重要な意味がある」と位置付ける。

14年8月14日、沖縄防衛局は名護市辺野古のキャンプ・シュワブ沿岸の海上に工事の区域を区切るブイを設置した。県民の合意を得ない、大義のない工事を止めようと、キャンプ・シュワブのゲート前で、大浦湾の海上で、毎日市民が抵抗を続けている。

島ぐるみ会議は県内各地からバスを運行し、市民を辺野古へと運んでいる。玉城県議は「(現場を見れば)自覚ある市民が増え、自覚ある市民が集まれば強い力になる。現場に３００人いれば、潮目は変わる」と確信する。

基地建設を止める運動を展開した上で、国連、米国、国内の三つの部会がそれぞれ、国連人権理事会で基地問題を報告したり、米国の政府やマスコミ、市民団体への働き掛け、他都道府県へのアピールなど、行動を広げていく。

政治家の手を離れ、広く県民に共有されるようになった「建白書」。新基地建設の是非を問うた県知事選で市町村長の対応は分かれ、政治的な構図に変化もあった。しかし島袋教授は「『建白書』にサインし、東京まで持って行った市町村長は誰も撤回していない。『建白書』の精神は変わっていない」と力を込める。

（城間有）

深まる溝

閉塞感が大衆運動へ

辺野古の新基地建設が大きな関心を集める中、２０１４年に行われた県内の大型選挙では、普天間飛行場の名護市辺野古移設に反対する候補が相次いで勝利し、沖縄の過重な基地負担を認めない県民の意思が明確に示された。その一方、日本政府は今年（２０１５年）１月に基地建設の海上作業を再開。市民の抗議を力で排除し強行姿勢を鮮明にしている。県民の強い反発と、その声に向き合わない政府との溝は、かつてないほど深まっている。

県内での主要選挙の皮切りとなった14年１月の名護市長選は、新基地建設に反対する現職の稲嶺進氏と辺野古移設を容認する新人の末松文信氏の一騎打ちになり、稲嶺氏が４千票以上の差をつけ勝利。同年９月の名護市議選でも稲嶺氏を支える市議会の与党候補が過半数を獲得した。

同年で最も大きな選挙と目された11月の県知事選挙では、13年末に基地建設の埋め立てを承認した現職の仲井真弘多氏を、建設反対の新人、翁長雄志氏が約10万票の大差で破り、同日投開票の県議補

知事選での当選が確実となり支持者と万歳三唱で喜ぶ翁長雄志氏（中央）＝2014年11月16日、那覇市内

選も当選者3人中、辺野古反対の候補が2人を占めた。

急きょ決まった12月の衆院選でも流れは続き、沖縄の4選挙区すべてで辺野古反対の候補が勝利。対照的に、全国で大勝した自公は県内選挙区で全敗し、辺野古に対する政治姿勢によって、候補者の当落がはっきりと分かれる結果となった。

14年の県内選挙で勝利した候補者の多くは、県内41市町村と県議会の代表が、米軍普天間飛行場の閉鎖・撤去と県内移設断念、オスプレイ配備撤回を求め13年1月、安倍晋三首相に提出した「建白書」に基づく公約を掲げた。選挙で示された「建白書」勢力の躍進は、沖縄の過重な基地負担に根本的な異議を突きつけ、県内世論が辺野古の新基地建設に反対する民意を強烈に示すものとなった。

批評家の仲里効氏は、13年に自民党本部で県選出国会議員5人が石破茂幹事長（当時）と会見し、普天間の県外・国外の公約を事実上撤回したことと、当時の仲井真知事が「いい正月を迎えられる」と振興策と引き換えに埋め立て申請を承認した2件を例に「沖縄の民意を踏みにじる姿がメディアでスペクタク

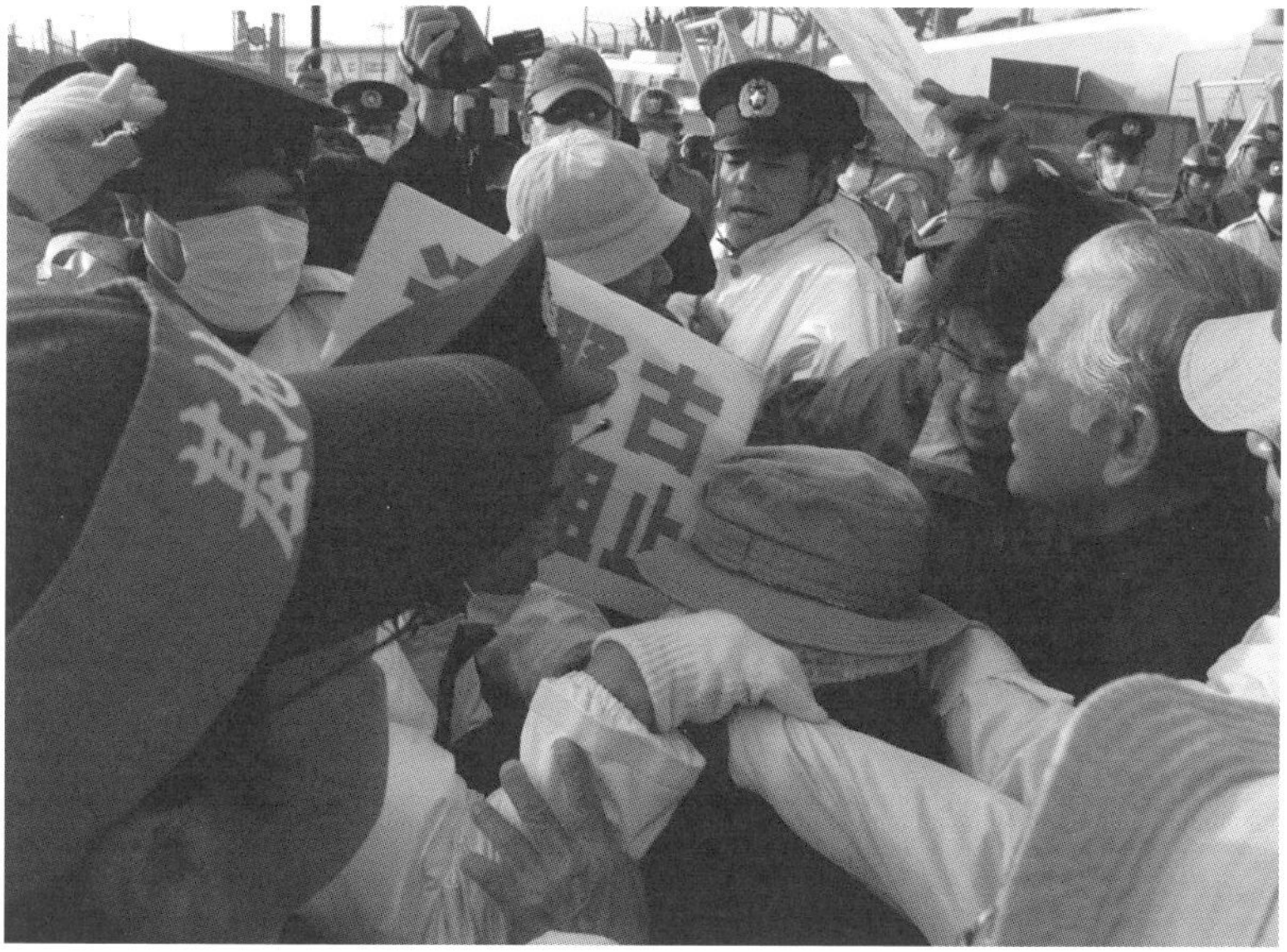

米軍キャンプ・シュワブのゲート前で県警と激しくもみ合う新基地建設に抗議する市民ら＝2月17日、名護市辺野古

ル（見せ物）的に報じられ、県民の怒りを誘発した」と指摘。

言葉への陵辱が引き金となり、その後の選挙結果に結びついたとしながら「琉球処分や沖縄戦、米軍占領、復帰を通じた『構造的差別』への意識が選挙結果に表れた。沖縄の歴史意識が刷新され、脱植民地化と自己決定権を模索する流れの中で、沖縄人の主体が新たに再編され、再発見されている」と強調する。

だが、新基地建設反対の明確な意思表示にもかかわらず、政府のかたくなな姿勢は変わらない。安倍政権は「辺野古移設は粛々と進める」と繰り返し、重ねて示される沖縄の民意を一顧だにしない。

大差で新基地建設反対の民意を受け誕生した翁長新知事に対しては、安倍首相や菅義偉官房長官が面談に応じないほか、２０１５年度の沖縄振興予算を、前年度比で１６２億円（４・６％）減額。仲井真県政時とは異なる姿勢をとりながら、１月15日には辺野古沖での海上工事を再開した。

辺野古では連日多くの市民が現場に詰めかけ、新基地建設に反対する意思表示を続けるが、民意を踏みにじるような強行姿勢は日増しに激しさを増し、けが人や逮捕者が相次ぐ状況に、県民の反発と憤りが一層高まっている。

「沖縄がこれだけ新しい基地を造らせないと団結したことは、これまでの時代を振り返ってもなかったこと」

平和運動センターの山城博治議長は、辺野古での新基地建設工事の動きを受け、昨年7月からシュワブゲート前で監視・抗議行動を始めた。

連日ひっきりなしに詰めかける市民を目にしながら「多くの人々が戦争への不安を口にする。現在の閉塞《へいそく》状況が、命と暮らしを守るため、これまでかつてなかった辺野古の大衆運動へと広がった」と説明。

翁長知事が埋め立て承認の検証作業を進めていることに触れ「沖縄の基地建設を許さないという140万県民のバックアップがあり、孤立している感じはない。機動隊や海上保安庁に取り囲まれても、私たちの主張に正義がある」と話している。

（与儀武秀）

あとがき

2014年の初夏、文化班のパートナーである与儀から「沖縄の歴史を振り返り、現在の問題につなげる連載を始めたい」という話を持ちかけられた時、「果たしてできるのか?」という思いと、「今やらなくてどうする?」という二つの思いがあった。

「果たしてできるのか?」のほうは、辺野古の新基地建設をめぐり沖縄とヤマトが対立、目まぐるしく情勢が変化する中、時宜に応じたスピーディーな紙面作りをするほうが先なのではないか、という思い。「今やらなくてどうする?」のほうは、学生時代から沖縄の歴史を学んできた者として、地元紙の文化面でじっくり書くという好機と捉えてのことだった。

結局与儀の熱意にリードされる形で始めたが、はじめにつくった年表に現れた沖縄の近世以降の歴史の「岐路」には、ヤマトの抗いがたい求心力に引っ張られ、反発しながら主体を作ってきたことが一目瞭然だった。そして現在もその構図は変わらない。

現在の状況に問題意識を持つとき、歴史をたずねることで来歴を知ることができる。さらに、自らが帰属する社会集団の歴史という認識を深めることで、思考の軸を強固にすることができる。

ヤマトとは違う自意識を、かつてないほど自信を持って鍛え直している沖縄で、歴史観が現在どうあるのかを捉えること。この連載の意味はそこにあると感じた。

近世、近代、復帰前、復帰後とたどりながら書いていく中で、現在の沖縄の人々の歴史観が「日本復帰史観」の超克の途上にあることがよくわかった。沖縄住民の権利が守られない米国の支配下、「祖国」日本への復帰を求める中で、沖縄の歴史の主体を日本史の一部に位置付ける歴史観を「日本復帰史観」と定義し、論を展開していった。

復帰40年以上を経ても変わらず国家の矛盾が集中する沖縄には、「日本復帰史観」では解けない問題が山積している。今沖縄独自の軸から歴史論が展開するのは、復帰以降の社会認識の積み重ねの結果である。

この連載では、その歴史観の輪郭を描いた。今後はこの歴史観に支えられた価値観をもってどう沖縄の「今」にリンクし、強者を生かすことしか考えない権力者と対峙するか、である。「岐路」。それは私たちのつくる道である。

沖縄タイムス学芸部・記者　城間有

■サ行

■タ行

■ナ行

事項索引

■ナ行

■ハ行

■マ行

■ヤ・ラ行

人名索引

与儀武秀　よぎ・たけひで　沖縄タイムス学芸部記者（文化面担当）。1973年宮古島市宇良部生まれ。琉球大学大学院人文社会科学研究科卒。2000年に沖縄タイムス入社。写真部、運動部、中部支社、宮古支局などを経て14年4月から現職。

城間有　しろま・あり　沖縄タイムス学芸部記者（文化面担当）。1974年生まれ、那覇市出身。筑波大学第二学群比較文化学類卒業、琉球大学大学院人文社会科学研究科修了。2001年沖縄タイムス社入社。社会部、南部総局、政経部、整理部を経て11年から現職。

沖縄タイムス・ブックレット17
沖縄の「岐路」 歴史を掘る　未来を開く

2015年5月18日　初版第1刷印刷
2015年5月25日　初版第1刷発行
編　者　沖縄タイムス社
（取材・執筆　与儀武秀／城間有）
発行人　上原 徹
発行所　沖縄タイムス社
〒900-8678 沖縄県那覇市久茂地2-2-2
TEL098-860-3591　FAX098-860-3830
印刷所　東洋企画印刷

ISBN978-4-87127-517-0 C0421